Master of the Juniwords

Rhabarber und die vierzig Kräuter

Die Deutsche Bibliothek – CIP-Einheitsaufnahme

Schönhoff, Hans Friedrich:
Rhabarber und die vierzig Kräuter : das Kochbuch zum Single ;
eine Farce vom Master of the Juniwords / [Text, Ill.: Hans
Friedrich (Juni) Schönhoff]. – Köln : DuMont, 1995
ISBN 3-7701-3576-8
NE: HST
Vw: Juniwords [Pseud.] → Schönhoff, Hans Friedrich; Juni [Pseud.] →
Schönhoff, Hans Friedrich

3-7701-3576-8

Satz: Hans Friedrich (Juni) Schönhoff
Druck und buchbinderische Verarbeitung: Imprimerie Pollina, Luçon - n° 67978

Printed in France

Rhabarber + die vierzig Kräuter

Das Kochbuch zum Single

Eine Farce vom Master of the Juniwords

DUMONT

Ich
möchte an dieser Stelle
ganz besonders mir danken,
denn ohne mich
wäre dieses Kochbuch
nicht möglich gewesen.

Vorspeise

Dieses Märchen ist die reine Wahrheit, die ganze Wahrheit, nichts als die Wahrheit.

Es ist die Geschichte von einem Mann, der den Gefahren des Herdes furchtlos ins Auge schaut. Es beschreibt seinen existentiellen Kampf gegen die erbarmungslosen Gesetze eines Einmannhaushaltes. Es ist eine Geschichte vom Fressen und Gefressenwerden.
Es ist aber auch das intime Geständnis einer von wilder Wollust besessenen Rassehündin.

Alle hier erwähnten Personen und Tiere laufen frei herum. Überall gibt es sie, die Roberts, Maries, Heinrichs, Irenes etc.
Sie heißen nur ganz anders.

Juni im Juli `93

Übrigens: Fast alle Rezepte in diesem Kochbuch sind für einen Esser gerechnet. Gerichte für zwei, vier oder sechs Personen sind durch ebensoviele Sternchen in der Überschrift kenntlich gemacht.

Es war ein ganz gewöhnlicher Donnerstag.

Nichts Besonderes.

Morgens hatte er sich den kleinen Zeh unter der Badezimmertür geklemmt, dann den in verschiedene Richtungen weisenden Zehennagel zu restaurieren versucht; dabei aber war er mit dem Nagelknipser abgerutscht und hatte sich die Kuppe seines rechten Zeigefingers amputiert. Infolge des pochenden Schmerzes *mußte* er sich durch einige feinmotorische Aussetzer des unter dem schnell angelegten Notverband grotesk zuckenden Fingers mit dem Rasierer im Gesicht und am Hals schneiden.

Und das so gründlich und glatt, daß er später im Gericht, als er die Sitzungsvertretung des Staatsanwaltes zu übernehmen hatte, vom Gerichtsdiener aufgrund seines narbigen Äußeren für einen Unfallzeugen gehalten wurde. Als ihm dann noch auf der Heimfahrt in der S-Bahn ein halbes Dutzend Leute mit der Gewalt einer Stampede über den ohnedies schon gemarterten Zeh hinwegging, nahm er das nach der Dreizentnerdame, die ihn „schwer" an Tante Irene erinnerte, schon mit einer dem Tag angemessenen Gelassenheit.

Also ein ganz gewöhnlicher Donnerstag.

Wirklich gar nichts Besonderes!

Bis jetzt.

Robert – so heißt er nicht, aber so nennen wir ihn jetzt – Robert war trotz drohender Badezimmertüren froh, nach diesem langen Tag endlich wieder zu Hause zu sein. Vor der Wohnung stehend, mit der eingemullten Rechten in der linken Hosentasche nach dem Schlüssel kramend, wunderte er sich nur über die ungewöhnliche Stille in der Wohnung. Sonst suchte Marie, seine Verlobte (die heißt wirklich so), um diese Zeit mit Inbrunst ihrem Klavier ein kackophones Ständchen für Elise zu entlocken, während „Scheherazade vom Sängerhof", ihre voll emanzipierte Lhaso Apso Hündin (die nannten sie entgegen ihrem Stammbaum „Heinrich"), auf ihrem Schoß sitzend sämtliche Nachbarn, und da vor allen anderen die Kowalewskis, in konzertierter Aktion um den Verstand jaulte.

In der Tür stehend, glaubte er für einen Augenblick zu träumen.

Aber eben nur für einen Augenblick, denn die Aktentasche, die ihm während dieser Schrecksekunde entglitt, fiel ihm samt der darin enthaltenen eineinhalb Tausend Seiten Gesetzestext direkt auf den Zeh (auf welchen, wird hier nicht verraten!). Aua.

Wenigstens brauchte ihn jetzt niemand mehr zu kneifen, damit er für wahr hielt, was er hier sah: Nämlich nichts.

Genauer: Gar nichts.

Dort, wo der Schemel stehen sollte, auf den sich Marie zur Hausmusik zu setzen pflegte, stand nichts mehr. Wo das Klavier gestanden hatte, waren nur noch Abdrücke im Teppichboden. Das Designersofa (DM 5988.– bei Carlton's in der Fußgängerzone, aber er hatte es billiger bekommen): weg!

Überhaupt schien so ziemlich alles, was seine Wohnung ausgemacht hatte, woanders zu sein!

Silie, Peter:
Der Name des Krauts ist griechischer Herkunft und heißt „Felsensellerie". Die Anatomie dieses Gewächses eignet sich hervorragend zum Drauf- bzw. Einstreuen auf bzw. in Gerichte verschiedenster Konsistenz und gibt auch der muffigsten Tütensuppe noch das Image absoluter Frische. Daher wird Petersilie auch gern in Katzenfuttermittelwerbung als Dekomaterial verwendet.

Eintopf

Beim Anblick dieser völlig entmöbelten Wohnung, die sich nach einem Kontrollblick auf das Türschild tatsächlich als die seine bestätigte, dachte Robert zuerst an § 243, Abs. 1, StGB: Einbruchdiebstahl; doch wurde gegen diesen Vorwurf von einem Blatt Papier Widerspruch eingelegt, das er an die Stelle gepinnt sah, an der bisher der mittelmäßig reproduzierte Arcimboldo-Kunstdruck gehangen hatte. Als er auf den Zettel zugehen wollte, um zu lesen, was darauf stand, bemerkte er an seinem Bein etwas, das sich in rhythmischen Bewegungen an seiner Wade delektierte: Heinz.

Robert hatte die Tibetterrieramazone und ihre doch sehr rüden- und rüpelhaften Vergnügungen bis dahin gar nicht wahrgenommen. Er griff Heinrich in den Nackenpelz und hob sie auf den Arm, ohne den Blick von dem hypnotisierenden Blatt zu wenden.

Da stand: Daß es eigentlich schon lange nicht mehr so richtig, und daß Marie jetzt mit Peter, weil der irgendwie besser zu ihr und daß er Heinrich behalten könne, Peter habe selbst eine Hündin, und das ginge ja nicht gut. PS: Im übrigen habe sie die gemeinsamen Anschaffungen genau geteilt, und da bliebe für Robert halt nur die schöne Küchenzeile von Poggenpohl, die war ja auch teuer genug, und außerdem wollte er die ja auch unbedingt haben Punkt

Robert setzte sich auf den Boden (den hatte Marie wohl nicht brauchen können), las den Brief noch ein-, zweimal und rauchte dabei etwa 38 Zigaretten. Als es zum Lesen allmählich zu dunkel wurde und er den Brief auswendig kannte, schloß er die Tür, machte Licht und begann aufzulisten, was Marie außerdem noch dagelassen hatte:

Da waren zuerst einmal vier Wände.

Ein Stahlrohrsessel „Wassily Kandinsky" von „Carlton's" (woher sonst?!?), auf den sie seine Klamotten zu einem 73-Prozent-Baumwolle-Rest-Viskose-Berg drapiert, und unter den sie seine ganzen Akten und juristischen Unterlagen getürmt hatte.

Dann die Küchenzeile mit Elektoherd, Backofen, Spülmaschine und Mikrowelle. Desweiteren ein 48-teiliger Besteckkasten, diverse Küchenmesser und ein Service für zwölf Personen („Wenn wir mal Gäste haben…"), von dem schon eine Untertasse und zwei Tassenhenkel fehlten. Eine große und eine kleine Pfanne, die Kasserolle von Tante Irene, ein Wasserkessel mit Vögelchen als Pfeife (Carlton's – klar!), ein großer Topf und einer, in den etwa

ein halber Liter Wasser paßte.

Im Kühlschrank fand er noch eine Dose Thunfisch, ein angebrochenes Glas schlesischer Gurkenhappen vom Aldi, ein Fragezeichen (haltbar bis Ende September 1987), eine einsame Gewürzgurke,

ein Westfäler Mettwürstchen,

3 gewürfelte Kartoffeln,

ein Päckchen Suppengemüse (tiefgekühlt, 250 g),

Basilikum, **Liebstöckel**, **Majoran**, **Bohnenkraut**,

Pfeffer und **Salz** (was sucht das im Kühlschrank?!?) und

einen halben Brühwürfel; alles Sachen, die man in einer halben Stunde sanften Kochens zu einem Gemüseeintopf garen lassen könnte. Aber daran dachte Robert nicht. Als er die

gehackte Petersilie sah, die Marie über Suppen und Eintöpfe zu streuen pflegte, kreisten seine Gedanken um § 211 f StGB.

Koch– 2 fisch

Piment wird auch „Nelkenpfeffer" genannt, weil er, man glaubt es kaum, wie eine Mischung aus Pfeffer und Nelken schmeckt.

Am nächsten Morgen.
Robert wurde wach, als Heinrich ihm die Nasenlöcher ausleckte.
Seine Zunge hatte das Volumen, den Pelz und den Geschmack eines toten Hamsters.
Irgendwie war ihm nicht wohl.
Er setzte sich auf und schlug mit dem Kopf gegen Wassily. (Das machte er immer so, wenn er sturzbetrunken, voll bekleidet und in Schuhen auf dem Boden einschlief und morgens schnell wach werden wollte! – Nur, bislang war ihm das noch nicht passiert.)
Er versuchte sich zu erinnern, was genau geschehen war, aber irgendwo zwischen der Straßenbahn um 21.13 h, die unter seinem Appartement vorbeigefahren war und dem halben Liter Walker, den er von der Tankstelle zwei Straßen weiter geholt hatte (die mit der flotten Verkaufsblondine), mußte ihm der Faden gerissen sein.
Trotz aller Geistesmarter blieb die durch den Blacklabel-Blackout entstandene Gedächtnislücke, und so bemühte er sich als der Mann ohne Gedächtnis, den Tag zu planen, während seine Zahnbürste in seinem Rachen lustlos den Hamster frettierte:
Nach Feierabend würde er ein paar Sachen von seinen Eltern holen. Seine Mutter müßte ihm dafür ihr Auto leihen. (Viel könnte das ohnehin nicht sein – bei der Klapperente seiner alten Dame leitete sich die Bezeichnung „Auto" nicht von „Automobil", sondern von „Autolyse" ab – aber ein Paar Böcke und irgendwas als Tischplatte, seinen alten Plattenspieler und andere nützliche Dinge, an denen man sich donnerstäglich die Zehen klemmen könnte, müßte man dennoch damit in ein paar Fahrten hierher bringen können.) Außerdem mußte er noch einkaufen. Vor allem Kaffee, denn an Morgen wie diesem erlangte er ohne sein Tässchen Tunnelblick schwerlich wieder das Bewußtsein.
Ja, und dann müßte er für das Wochenende noch was zu essen besorgen, Fisch wäre heute nicht schlecht, aber wie kocht man Fisch?
Japaner sollen den ja roh essen, im Kühlschrank war noch die Dose Thunfisch, aber wie kocht man Fisch?
Wie kocht man Fisch?
Wie kocht man überhaupt?
Bis gestern hatte immer Marie für ihn gekocht.
Jetzt bekochte sie womöglich diesen Peter.
Robert kochte!
Er würde lernen müssen zu kochen, wollte er nicht eines elenden und qualvollen Hungertodes sterben, oder – was noch schlimmer wäre – jeden Tag von seiner Mutter angerufen werden, ob er auch genügend esse, oder ob sie nicht vielleicht doch vorbeikommen sollte, damit sie ihm…
Nein! Er würde es lernen zu kochen.
Robert beschloß, Koch zu werden.
Diesen Entschluß bekräftigend stellte er die Bürste mit ihren herrlichen Borsten schwungvoll in den entzückenden Zahnputzbecher zurück.
Daß dies jetzt ein wundervoller Tag werden würde, konnte weder sein wundgescheuertes Zahnfleisch noch sein von Heinrich blankgescheuertes Hosenbein verhindern. Mit dem Rasieren fertig (gar nicht mal so leicht, um den ganzen Schorf von gestern herumzuschaben), ließ auch Heinrich endlich von seinem Hosenbein ab.

Er ging zum Telefon und nahm den Hörer, Heinrich ihre geliebte Tätigkeit wieder auf.
Sechs-fünf-drei-fünf-acht-sechs-tuut-tuut
„Ja, Mutti, hier ist Robert ... Nein, es ist nichts passiert – na ja, fast nichts. Hör' mal, wie ... Ja, ich esse auch genug. Das ist es auch, was ich dich fragen wollte, jetzt laß mich doch mal ausreden, wie kocht man Fisch? ... In Wasser?!? Soso! Hätte ich mir eigentlich auch denken können ... Wie, wieso? Ich möchte eben gerne wissen, wie man Fisch kocht ... Darum! ... Ich bin nicht aggressiv! ... Nein, nicht für vier Personen, nur für mich ... Das erklär ich dir heute abend. Jetzt hör' doch endlich auf, Heinrich! ... Nein, nicht du! ... Na, dann teil' doch deine Zutaten einfach durch vier! Das kann wohl so schwer nicht sein! ... Also,
300 g Kabeljau oder **Schellfisch** oder **Rotbarsch** (küchenfertig)
mit fließendem Wasser abspülen und mit
3 Eßlöffeln Zitronensaft beträufeln und eine halbe Stunde stehen lassen.
Aha! ... Was?
ein Lorbeerblatt,
3 Pfefferkörner,
eine Gewürznelke,
2 Pimentkörner, wo krieg' ich das denn
alles her? ... Heute abend? Na, ja, gut ...
Eine kleine abgezogene Zwiebel,
einen Teelöffel Salz und
2 Eßlöffel Essig in
einem Liter Wasser zum Kochen bringen ...
ja, ich habe einen Topf, in den so viel reinpaßt ...
Den Fisch hinzugeben, eine Viertelstunde, bis er gar ist,
ziehen lassen und mit
zerlassener Butter,
gemischtem Gemüse und
Petersilienkartoffeln anrichten. Danke, Mama,
bis nachher, ich muß jetzt ins Gericht ...
Ja, ich komm' nachher vorbei, bis dann, tschüs."
Es könnte vielleicht einfacher sein,
sich 'ne Stulle zu schmieren, dachte er,
als er die Tür hinter sich zuzog.

Als er zwölf Stunden später die Tür mit dem Hintern wieder aufstieß, schnaufte er wie einst Opa Alois, Gott hab' ihn selig, weil er bepackt wie ein Sherpa über die 39 Stufen der Nordostroute bis in sein 1 ZKB Basislager Lebensmittel und Hausrat geschleppt hatte. Und das kam in Gewicht und Volumen der Ausrüstung einer neunköpfigen K2-Expedition gleich.
Jesus, er rauchte einfach zuviel!
(Wenigstens freute sich Heinrich. Der Anblick eines Sherpas schien nicht nur Heimatgefühle in ihr wachzurufen.)
Er ging daran zu sortieren, was er von daheim so alles mitgebracht und was seine Mutter ihm eingepackt hatte, denn davon konnte er mit Sicherheit die eine Hälfte nicht brauchen, und die andere Hälfte waren warme Pullis.
Das wichtigste war sowieso der Karton, in dem sein „Mister Hit", der Schallplattenspieler mit dem Lautsprecher im Deckel, und seine Plattensammlung, die die seit seiner Konfirmation vergangenen Jahre überstanden hatten. Da waren noch echte Raritäten drin, zum Beispiel die Originalaufnahmen, die er von Tante Irene abgestaubt hatte, wie die von Rickie Nelson: „Hello, Mary Lou."
Mary Lou?!?
Na ja, die Platte war ja nun schon völlig verkratzt, die würde man sicher nicht mehr spielen können, aber die Platten, die er sich gekauft hatte, die waren noch wie neu.
Sogar die Allererste, die er mit Hansi gegen ein Matchbox-Auto getauscht hatte, da konnte er sich noch dran erinnern, als ob es gestern gewesen wäre (damals hatte er sich nämlich auch morgens den Zeh geklemmt), die war von Shakin' Stevens gewesen, das war ja noch Musik gewesen, da konnte man noch drauf tanzen, nicht so wie heute, wo war die denn bloß?
Hier: „Marie, *Mar...*"
Wenn er doch bloß den Oldtimer behalten hätte, denn eigentlich hatte ihm diese Musikrichtung noch nie gelegen, schon eher das hier von Leonard Cohen: „So long, Marianne", ein echt geiler Stehblues, der war so...
*Mari*anne ?!?
Das war ja furchtbar, hatten die denn

Brunnenkresse schmeckt eigentlich nach nichts, ist aber schön anzusehen.

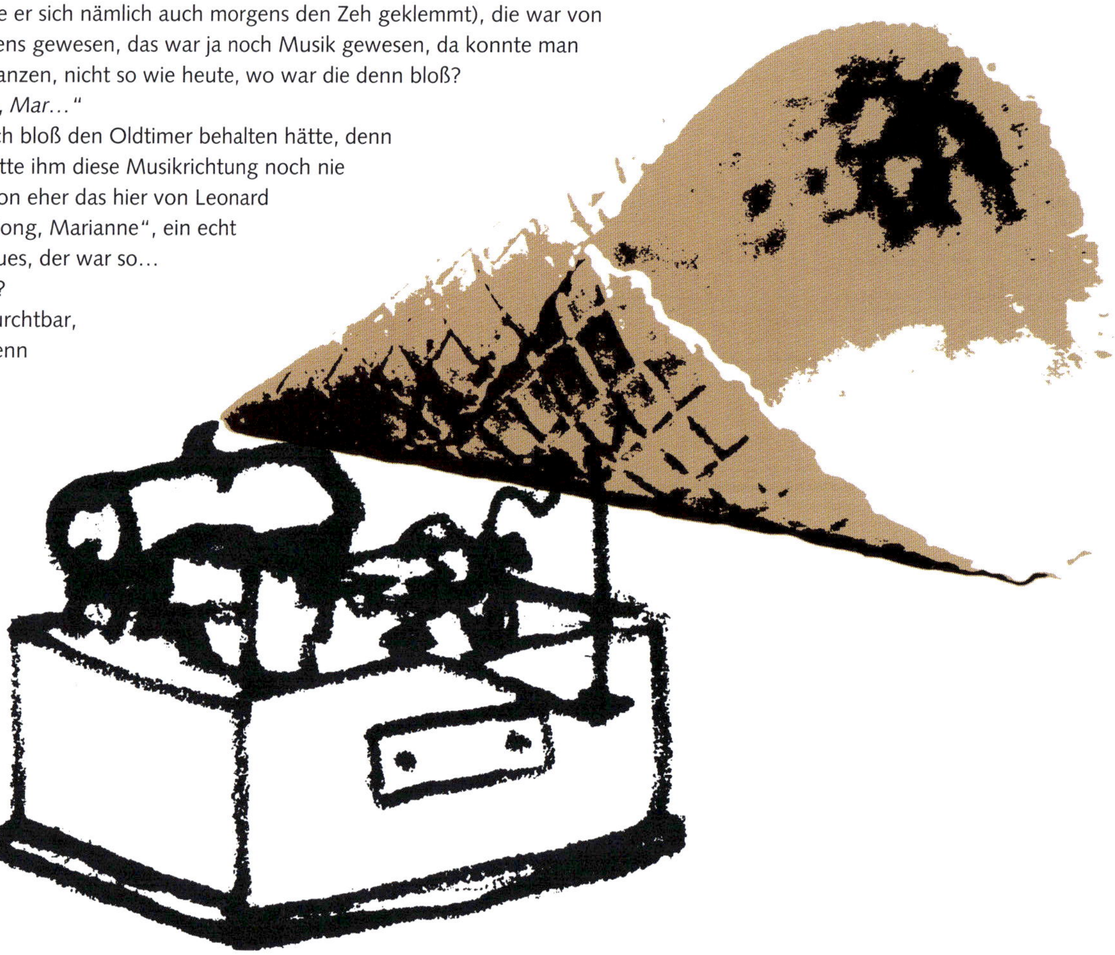

Pfeffersteak

alle nur eine Frau, die sie besingen konnten, waren die denn alle katholisch? Gudrun war doch auch ein schöner Name, oder Mechthild, der fing auch mit „M“ an, und konnte denn keiner mal was richtig Flottes über Wibeke singen? Grüne Neune, nur wegen dieser völlig phantasielosen Bänkelsänger müßte er jetzt seine ganze Plattensammlung dezimieren! Und wie schlimm würde das erst zur Adventszeit werden, wenn man wieder allerorten die stereotypen Lobpreisungen hören müßte!

Schlagartig wurde Robert bewußt, daß auch er an Weihnachten ein besonders gefährdeter Single sein würde.

Mary Christmas!

Völlig geknickt saß er zwischen Mr Hit und Towaritsch Kandinsky und stierte auf das runde Vinyl, das vor ihm den Boden flieste. Die Deutsche Grammophon Gesellschaft würde in den nächsten Tagen einen deftigen Protestbrief bekommen. Robert knurrte vor Wut – nein, Heinrich knurrte… nein, Heinrich schlief (Gott sei Dank, wer schläft, sündigt nicht) – nein, dieses Geräusch kam woanders her, sozusagen von unten hoch – ja, klar, sein Magen knurrte.

Den hatte er völlig vergessen!

Seit der Currywurst mit Pommes gestern Mittag und den flüssigen Kalorien gestern Abend hatte er nichts mehr zu sich genommen. (Da heißt es nach einer Trennung immer, man sei an gebrochenem Herzen gestorben, aber dabei verhungern die meisten einfach.)

Dagegen galt es vorzugehen.

Seine Mutter hatte ihn von seinem Vorhaben, ausgerechnet mit Fisch kochen zu lernen, abbringen können („Junge, fang' doch mit was Leichterem an…“) und ihn dazu überredet, Tante Irenes berühmtes Pfeffersteak zu braten. („Junge, das ist doch viel einfacher.“) Tante Irene hatte dies Rezept damals, 1978, von ihrem Teneriffaurlaub mitgebracht und es verfeinert, im Sinne von „extrem scharf gemacht“, so daß dies Steak in der Familie nur noch Tantes Inferno hieß („Junge, Junge!“).

Im Prinzip war das auch ganz einfach, Robert mußte nur
ein Filetsteak (ein kleines Chateaubriand, ca. 180 g), vom Delikatessen-Jean, der örtlich wie preislich neben Carlton's liegt, in
grob zerdrückte Pfefferkörner pressen, bis die dran kleben blieben und dann von jeder Seite 2 bis 3 Minuten in heißem
Bratfett (Margarine oder Öl, auf alle Fälle pflanzlich) braten. Dann mit
Salz salzen (mit was sonst?),
20 g Butter in die Pfanne geben, dazu
einen Eßlöffel gehackte Zwiebeln geben und fertigbraten. Das Steak mit
Weinbrand zu flambieren, traute sich Robert nicht, außerdem war auch nur noch der Whiskey da, und der war ihm zu schade.

Um ein leckeres Sößchen zu zaubern, brauchte er nur
150 g Crème fraîche in die Pfanne zu geben, ungefähr 2 Minuten unter Rühren kochen zu lassen, nach Geschmack nachzupfeffern und mit frischer
Brunnenkresse zu garnieren.

„Dazu kredenzt man einen Schatonöffdüpapp,“ hatte seine Mutter empfohlen, aber da er gerade keinen im Keller hatte, würde er heute abend Dosenbier dekuvrieren müssen.

Robert preßte gerade das Filetsteak in die zerdrückten Pfefferkörner, als es an der Tür klopfte:

Roulade

Schon bevor er die Tür öffnete, wußte er, daß das nur Frau Kowalewski sein konnte; nicht aus Intuition, oder weil er einschlägige Übersinne hatte, nein, diese Frau quasselte ständig, und sogar, wenn sie sich allein fühlte. Wahrscheinlich, damit sie sich nicht so allein fühlte. (Frau Kowalewski heißt übrigens auch Irene, das aber nur so am Rande.)
„Tag, Frau Ko...."
„Ja, guten Tag, junger Mann, was machen Sie denn da mit dem Schnitzel in Ihrer Hand? Da fallen...." Tatsächlich hatte er noch das Chateaubriand in der Hand und alle Pfefferkörner, die er nicht fest genug drangepreßt hatte, tropften Heinrich in den sich lüstern hin- und herbewegenden Pelz. Aber währenddessen war die Kowalewski schon wieder zwei Seiten weiter.
„...und da komm ich doch vom Einkaufen und was seh ich, was seh ich? Ich hab' doch glatt die Dingens, die, na helfense mir doch mal, die Gewürzgurken vergessen; na, was soll ich sagen, jetzt kann ich die Rouladen nicht machen, und mein Eduard mag die doch so gerne, und der ißt die ja nicht ohne Gurke, hach, das schaff' ich ja gar nicht mehr bis er nach Hause kommt, und da wollte ich doch mal fragen, ob Sie mir nicht vielleicht bis demnächst, bis Montag oder Dienstag, was borgen könnten? Aber nur, wenn's Ihnen nichts ausmacht. Mein erster Mann, der Gusti – der hieß ja richtig Karl-Gustav, aber ich hab ihn immer Gusti genannt, schön, nicht? – der Gusti, mein Gott, der ist ja jetzt auch schon fünfzehn, nein, sechzehn Jahre tot......"
Wahrscheinlich ein Innenohrinfarkt, dachte Robert, bevor er wieder überrollt wurde.
„...der mochte meine Rouladen ja lieber ohne Gurken, aber dafür mit viel Mostrich, aber mit Gurken schmeckt's einfach besser. Wenn Sie's interessiert, erzähl ich Ihnen das Rezept gern mal, das habe ich noch von meiner Urgroßmutter, die ist ja an so einer Nierengeschichte gestorben, tragisch, nicht? Aber ich kenn's nun leider nur für vier Personen, mein Eduard ißt ja immer für drei, haha, aber ich kann's ja auch durch zwei teilen, dann reicht's ja für Sie und das Fräulein Verlobte. Oder soll ich vielleicht doch durch vier teilen? Das Fräulein Verlobte scheint mir gestern doch in Urlaub gefahren zu sein, sogar das Klavier hat sie mitgenommen, nicht?..."
Vierteilen, das wär das richtige für das Fräulein Verlobte. – Aber woher weiß die das jetzt schon wieder?
„...Wir nehmen immer nur ein Kofferradio mit, wenn wir wegfahren; so wie letztes Jahr in den Schwarzwald. Jaja, da war's schön, wie jedes Jahr, wir fahren da schon, ach, ich weiß nicht, wie lang hin. Aber, Sie wollten ja das Rezept wissen. Da brauchense erst mal
eine Scheibe Rindfleisch, so etwa 150 g, die muß aber aus der Keule geschnitten sein, auf keinen Fall dürfen Sie sich Mittelbug oder was von der Schwanzrolle andrehen lassen, und die müssen Sie leicht klopfen, eigentlich nur streicheln und nach Geschmack mit
Senf bestreichen, mein verstorbener Gusti mochte davon ganz viel, und dann streuen Sie
edelsüße Paprika,
Pfeffer und **Salz** drüber. Pfeffer und Salz mochte mein Gusti ja nicht so viel, was wollte ich sagen, ja, dann legen Sie
eine Scheibe gekochten Schinken auf das Rindfleisch.
Und dann nehmen Sie

ein Viertel einer längsgeteilten Gewürzgurke und – Moment: 60…, 30…, ja,
15 g Speck, den Sie in Streifen schneiden,
eine halbe Zwiebel, abgezogen und in Scheibchen geschnitten und legen das alles auf den gekochten Schinken und rollen das Fleisch von der schmalen Seite her auf. Und dann stechen Sie eine Bratennadel durch!"

„Vierteilen, in Streifen schneiden, halbieren, abziehen, in Scheibchen schneiden und Nadeln durchstecken?!?" *Was für ein Fest! Das wär' echt was für das Fräulein Verlobte.*

„Ja, ganz leicht, nicht? Meine Älteste, die Hannelore, hat damals damit kochen angefangen. Ich und mein Eduard, wir werden da übrigens nächsten Monat hinziehen…" – *arme Hannelore!* – „…eigentlich sollte ich das ja noch nicht erzählen, mein Eduard will das ja nicht, aber ich denk' mir, Sie dürfen das schon wissen, wo wir doch Nachbarn sind. Die Hannelore und ihr Jürgen haben in ihrem Haus noch so viel Platz, da hat die Hannelore gesagt: ‚Mama', ‚Mama' hat sie gesagt, ‚zieht doch zu uns in die Einliegerwohnung!'" – *und armer Jürgen* – „…wir wollen da unseren Lebensabend verbringen. Aber sagenses bitte noch nicht weiter, die Frau Ackermann aus'm ersten Stock hat auch schon gesagt, das muß noch nicht jeder wissen. Ach, übrigens, das haben Sie aber nicht von mir, die Ackermannsche will…"

„Frau Kowalewski", die Gelegenheit schien Robert günstig, dem Redeschwall, der ihn immer weiter in die Wohnung drückte, ein Ende zu setzen, „Sie wollten doch irgendwas…"

„Ach ja, die Rouladen!" – *…von mir…* – „Jetzt nehmen Sie
ein Löffelchen Schweineschmalz und braten die Roulade von allen Seiten gut an. Dann tunse
4 Eßlöffel Malzbier und nochmal
4 Eßlöffel klare Fleischbrühe in den Topf und lassen das Ganze ein halbes Stündchen garen. Rühren Sie ein bißchen
Mehl und
ein Teelöffelchen kaltes Wasser an, binden Sie damit den Bratensaft und schmecken Sie den mit
Pfeffer und **Salz** ab. Dazu schmeckt Rotkohl mit Klößen am…"

Frau Kowalewskis Blick richtete sich auf einmal hinter Robert auf den Boden „Was haben Sie denn da nettes? Ist das ein Kräuterregal? Ist das aber hübsch! Wo haben Sie das denn her?"

„Von …"

„Ist das aber nett." – *…meiner Mutter!* – „Eiche, nicht? Gedrechselt? Da ist ja sogar ein Zinntellerchen eingelassen. Ach, wie nett! Was steht denn da drauf? Eigener…Herd…ist…Gol…des…wert! Ach, wie nett. Wieviele Gewürze sind denn da drin? Acht…,16…" – *Vierzig!* – „…32…, vierzig! Ach, wie nett!"

„Frau Kowalewski, was wollten Sie denn überhaupt von mir?"

„Na, ja eben eine Gewürzgurke!" Mit einer Eleganz, die entfernt an Fred Astaire (Künstlername von Frederick Austerlitz) erinnerte, schwang sich Robert zum Kühlschrank, nahm das Glas mit der Gurke heraus, drückte es der Kowalewski in die Hand: „Das Glas können Sie behalten", schob sie samt und sonders damit zur Tür raus und brummte dabei etwas, das Frau Kowalewski als „Und deswegen laß' ich mir hier Rhabarberblattohren anquatschen" verstand. Kowalewski ab; Tür zu.

Pfeffer ist neben Salz so ziemlich das weitestverbreitete Gewürz überhaupt und kommt am häufigsten in Mühlen vor. Das war nicht immer so! Weiland war er im Abendland so wertvoll, daß er mit Gold aufgewogen und aus purem Snobismus von den Gewürzhändlern statt Schlagsahne über Erdbeeren gestreut wurde. Das schmeckt natürlich nicht, galt aber als Aphrodisiakum (so wie es heutzutage schick ist, rohe Muscheln mit Zitronensaft zu schlürfen), wobei zu prüfen bliebe, ob der Pfeffer der eigentliche Scharfmacher ist, oder ob die Kohle, die man brauchte, um sich solch erlesene Nachspeisen einzuverleiben, die Mädels willig machte. (Es könnte allerdings auch sein, daß der Harndrang, den die entwässernden Erdbeeren verursachen, die Erektion auslöst. Aber darüber ein anderes Mal mehr.)

Endlich war es wieder ruhig in seiner Wohnung. Ermattet lehnte Robert an der Tür und sog die kühle Luft tief in seine Ohren. Welche Wohltat.
Er war irgendwie richtig erleichtert. Und wie er jetzt bemerkte, vor allen Dingen um einen Gutteil seines wertvollen, kleinen Steaks, das Heinrich angefressen hatte, als er es leblos herabhängen ließ. Demnach konnte diese Mistfliege von einer Hündin tatsächlich gleichzeitig fressen und an seinem Unterschenkel turnen.
Robert fühlte sich in solchen Momenten furchtbar müde.
Ob er in diesem Leben noch irgendwann irgendwas zwischen die Zähne bekommen würde? Ob irgendeine barmherzige Seele sich seiner Not annähme und an seinem hungernden Leib Gutes tun wolle? Er sah auf seinen dick verbundenen Zeigefinger und überlegte, ob die Schwere dieser Verletzung ausreichen würde, die Zuteilung eines Zivildienstleistenden zu erreichen, der ihn versorgen könnte. Oder wenigstens „Essen auf Rädern".

Basilikum ist das Pizzaspice schlechthin. Basikum smells prima zu Tomatensuppen u.ä., too. And es ist bon als tea bei Übelkeit e fever.

Er schnitt von dem Steak alles ab, was Heinrich angefressen hatte und gab ihr das dann auch noch. (Als Strafe war das eigentlich nicht geeignet. Vielleicht sollte er doch mal seine Erziehungsmethoden überdenken.) Den kümmerlichen Rest des Fleisches, das um wenigstens zwei bis drei Drittel kleiner geworden war, tat er in den Kühlschrank zurück. Denn das bißchen Rind müßte wieder gewaltig wachsen, bis es erneut ein Steak abgäbe, das seinem Hunger gerecht würde. Und mit solchen Genesungsfortschritten rechnete Robert beim derzeitigen Zustand des Patienten nicht. – *...und wenn man es in die Rehaklinik...?* – Er schlug sich den Gedanken wieder aus dem Kopf.
Chateaubriandbehandlungen werden nämlich von keiner Kasse getragen.
Lieber wollte er nachsehen, mit welchem der anderen Kühlschrankinsassen er seinen Magen endlich leise stellen könnte.
Aus dem Gefrierfach glaubte er deutlich das „Iß mich, bitte, iß mich!" der Fertigpizza zu vernehmen, die er dort hinein gelegt hatte, als er nach Hause gekommen war. Es schien ihm zwar bis an die Grenzen sozial ungerecht, daß sich Heinrich, nur weil sie eine geborene „von dem Sängerhof" war, mit Delikatessen vollstopfen durfte, während für ihn nur Junkfood übrigblieb.
Dafür war es für ihn tröstlich, daß Jean im Gegensatz zu Dr. Ötker* nicht promoviert hatte.

*** Name vom Verfasser geändert**

Er legte also die Schachtel mit der „Pizza a Cademica" aus dem Kühlschrank auf die Spüle, packte die knochenhart gefrorene Teigscheibe aus und sann darüber, wie man die nun warmkriegte.
Wo war denn nur die Zubereitungsanleitung auf dem Karton?
„‚Pizza Mailänder Art' hm. ‚Serviervorschlag' hm. ‚Probieren Sie auch unsere Pizza Vier Jahreszeiten' hm. ‚Zutaten für den Teig:
Mehl, Schweineschmalz, Hefe, Wasser, Salz'"
– *Schweineschmalz?!?* – Ach, ja, damals, als er mit der Dreizehnten in London gewesen war, hatte ihm der Pizzabäcker vom Ristorante „Delinquenza Internationale" am Scotland Yard, weil er sich so gefreut hatte, mal wieder Gäste aus Deutschland zu haben, erklärt, wie ein guter Pizzateig gemacht würde, und der hatte auch Schweineschmalz erwähnt:
„First müsse man about 75 g Flour into una Schüssel geben, then the lieveto (ca.15 g) hineinbröckeln, with a little warm water zu a Vorteig impastare and about ten minutes gehen lassen, mamma mia! Then a little Salt and about 15 g Sweine Smalz, very difficult word, maledetto, hinein. Dann la palma della mano,

die And Fläche, mit Olio di Oliva bestreichen and some maneggevole, but festen batter kneten. (Mit einer unbeschreibbaren Zirkusnummer brachte der gute Mann dann buchstäblich im Fliegen den Teigklumpen in die typische Pizzaform.) Dopo gib dem Teig con olio the estrema unzione, Madonna mia, god save the Queen, and with Mozarella and others coprire."

Und seit dieser legendären Begegnung wußte Robert, how to make a Pizza. Zumindest hatte er nie wieder gewagt, einen Pizzabäcker nach Rezepten zu fragen. Das war auch gar nicht mehr nötig.

Er hatte nämlich seither seine Gabe, Pizzabelag-Details zu erkennen, auch ohnedies so perfektioniert, daß er mittlerweile sogar von Mitspeisenden um Rat gefragt wurde, wenn auf anderer Pizzen etwas im unklaren blieb.

Tiefkühlötker, zum Beispiel, tat auf seine Pizza, wenn er das richtig sah,
gefrorene Garnelen (50 g),
tiefgekühltes Tomatenmark (2 Eßlöffel),
eine kalte Knoblauchzehe (geschält, mit Salz zerdrückt),
rauhreife Ringe von einer kleinen, geschälten, in dünne Scheiben geschnittenen und mit kochendem Wasser überbrühten Zwiebel,
polare Pfeffersalamischeiben (70 g),
grüne Gletscheroliven (ein halbes Dutzend, gefüllt, in Scheiben geschnitten),
frostigen Pfeffer (schwarz, gemahlen), **Oregano**, **Basilikum** (beides zerrieben) und
Minusgrad-Mozarella (50 g, in Eiswürfelchen geschnitten).

Mit sichtbarem Erschauern wegen der unglaublichen Spannung, ob er denn nun recht behalten sollte, verglich er sein Analyseergebnis mit den auf der Schachtel angegebenen Ingredienzen für den Belag.

„Hm, hm, hm." Alles richtig. Bis auf E 319. Das hatte er allerdings nicht für ein Antioxidant mit einem unaussprechlichen Namen, sondern für einen Paragraphen des StGB gehalten. Ah, da stand ja, wie lange man das Ding in den Ofen legen mußte: 25 bis 30 Minuten bei 220° C auf mittlerer Schiene oder bei Stufe 5 oder halbgroßer Flamme im Gasherd. Angeblich könne man die Pizza auch per Mikrowelle in Sekunden für sich erwärmen, aber seit sich beim Probelauf dieses Gerätes Eier sekundenschnell in Handgranaten verwandelt hatten, und er dann Stunden damit zugebracht hatte, die Mikrowelle wieder zu säubern, war er nicht mehr vom Zeitgewinn dieser Technik überzeugt. Demnach hätte er, während die Pizza Betriebstemperatur erreichen würde, rund eine halbe Stunde Zeit, an der Tanke noch einen guten italienischen Roten im Tetrapack zu besorgen und bei der Gelegenheit auch gleich Heinrich Gassi zu führen. Also los!

TiefkühlPizza

Chili con carne

Auf die Sekunde 30 Minuten später treidelte Heinrich an ihrer Leine Robert in die Wohnung direkt vor den Herd, um dort in freudiger Erwartung schwanzwedelnd niederzusitzen. Robert legte Schlüssel, Weintüte, Zeitschrift und Jacke auf die aufgebockte Tür, die sein improvisierter Kombischreibundeßtisch geworden war, und guckte, Heinrich nicht unähnlich, mit pawlowschen Reaktionen in den Backofen.

Robert fegte Schlüssel, Weintüte, Zeitschrift und Jacke wieder von der aufgebockten Tür, stellte stattdessen den Teller mit der dampfenden Pizza darauf ab und schnitt Speichen in das Teigrad.

Dann hob er die Weintüte und Zeitschrift wieder auf, riß mit den Zähnen den Tetrapack auf und begann auch sonst nicht sehr kniggeesk, die Pizza in sich hineinzuschlingen, während er in der „L" blätterte. Ursprünglich hatte er an der Tankstelle den „Playboy" oder wenigstens den „Hustler" kaufen wollen. (Marie hatte ihm das immer verboten und irgendwie sollte sich seine neue Freiheit schon bemerkbar machen – meinte er.) Dann saß da allerdings wieder diese Verkaufsblondine, die er so scharf fand wie
100 g Hackfleisch (halb Rind, halb Schwein), das in einer Kasserolle in
einem Eßlöffel Öls braun angebraten wird und in das dann
eine halbe, **feingehackte Zwiebel**,
eine halbe, **feingehackte Knoblauchzehe** und
ein Teelöffel Chilipulver,
ein halber Teelöffel Curry,
ein halber Teelöffel Paprika hineingegeben wird, bevor man
eine kleine Dose roter Bohnen und
ein halbes Glas Wasser einrührt und der ganze Eintopf etwa eine Viertelstunde auf kleiner Stufe fertiggegart wird.

Und bei diesem Anblick konnte er dann nur noch „Pl…L – für meine Verlo…Mam…Schwester – *man will sich ja nicht alle Chancen verderben* – bitte", stammeln, weswegen er jetzt statt der Hochglanzdrucke unverhüllter Haut leider nur Cellulitisverhinderungstips nach Hause gebracht hatte.

Na ja, da waren dann wenigstens die Strickanleitungen für die neuen Modepullis mit vier verschiedenen Ausschnitten drin!!!…

Chilipulver
ist eine Gewürzmischung, die entstand, als die europäischen Kolonialisten den Samen der mittelamerikanischen, „Chillies" genannten Peperoni, den Cayennepfeffer, mit Oregano und anderen Gewürzen zu entschärfen versuchten. Deswegen ist Chilipulver lange noch nicht mild. Am besten beschreibt es wohl ein altes, mexikanisches Sprichwort: „Tut weh, wenn reingeht in Körper, und tut weh, wenn rausgeht aus Körper, Hombre!"

6

Kopfschüttelnd blätterte er weiter.
Im Kreativteil konnte er lesen, wie man dann mit den Wollresten der Modepullis noch lustige Patchworktagesdecken knoten konnte. Ja, er hätte besser auch etwas Kreatives studiert. Er wäre besser Architekt geworden, die bauten Brücken, die sorgten dafür, daß Menschen zueinander fanden!
Nur nicht Jurist!
Oder Designer, immer farbenfroh, schnell stinkreich, immer von schönen Models umschwirrt! Aber bloß nie wieder Jura. Da sitzt man dann spätabends zwischen Schönfelder und Sartorius und wirft mutterseelenallein Junk ein. Und dies Spärliche muß man dann auch noch gegen eine wolfsverwandte Bestie verteidigen, die mit der ganzen Gewalt ihres Hundeblickes um einen Bissen kämpft. „Da, nimm!"
Kopfschüttelnd blätterte er weiter zu den Plattenkritiken, las dort, daß irgendein Danny Wilson, der 1987 einen Smashhit mit „Mary's Prayer" gehabt haben soll, heute…
Kopfschüttelnd blätterte er weiter zur Blumenkohldiät, einer FdH-Methode, mit der man vier Kilo in fünf Tagen abnähme:

Montag: Blumenkohl in Kräutersoße:
ein halbes Pfund Blumenkohl putzen, waschen, in Salzwasser bißfest kochen. In einer Tasse
einen halben Eßlöffel Butter (20 g) – *vier Kilo?...* – zerlaufen lassen,
die gelbe Hälfte eines Eies,
einen halben Eßlöffel Weißwein und
2 halbe Eßlöffel Wasser in eine Schüssel geben und im Wasserbad mit dem Schneebesen zu einer cremigen Masse aufschlagen. Aus dem Wasserbad nehmen und in die zerlassene Butter,
einen halben Eßlöffel geriebenen Emmentaler Käse und den
Saft einer halben Zitrone langsam einrühren. Mit
Worcestersauce,
Pfeffer und **Salz** abschmecken. Die halbe Buttermenge in
Sahne (10 g) –*...in sieben Tagen?* – schlagen und unterziehen.
Petersilie, **Dill** und **Schnittlauch** halbieren, vierteln, achteln, sechzehnteln, kleinhacken und einrühren. Den Blumenkohl abtropfen lassen, anrichten und mit der Soße zu Kartoffelpüree reichen, und essen, das mache schlank und schön!
(Die diätetische Wirkung wird übrigens bei dem Versuch erwirkt, zehn Gramm Sahne festzuschlagen.)
Dienstag: Blumenkohlsalat mit Anchovi (Die diätetische Wirkung wird erreicht durch die kilometerweite Rennerei durch die Delikatessenläden der Stadt auf der Suche nach Anchovis.)
Mittwoch: Blumenkohlröschen auf einem Bett von Lachsschaum
Donnerstag: Blumenkohl,
Freitag: Blumenkohl, Blumenkohl, Blumenkohl,
Samstag bis Todestag: nie wieder Blumenkohl,
Sonntag: unmäßiger Genuß von Speiseeis, Gummibärchen, Kartoffelchips und Popcorn. – Deswegen:
ab Montag: die neue Rote Bete- und Runkelrüben-Diät in der nächsten „L".

Schnittlauch ist ein enger Verwandter der Zwiebel und ein guter Freund von Salaten und Suppen. Wer das Feuchtwiesengewächs nicht mit dem Messer zerkleinern kann, sollte dazu die Schere nehmen. Das ist auch nicht so gefährlich.

Kopfschüttelnd blätterte er weiter zum Horoskop, an das er zwar nicht glaubte, welcher intelligente Mensch tut das schon, aber amüsant war es allemal:
„Zwillinge: Liebe: Sie werden zärtliche Stunden mit dem/der Lebensgefährten/in verleben..."
So ein Quatsch! Mit welcher Lebensgefährtin denn? Da konnte man mal wieder sehen, was für ein unglaublicher Blödsinn Horoskope sind. Wenn man sich vor Augen führte, was diese Zeitschriftenastrologen für eine Kohle machten, ts,ts. Hoffentlich war wenigstens Marie todunglücklich:
„Waage: ...Liebe... mit dem Partner wundervolle Zeit..."
Verärgert den Kopf schüttelnd blätterte Robert weiter. Das war typisch für Marie: während er hier völlig zerknirscht saß und sein einziger Ansprechpartner Heinrich war, machte sie schon wie wild mit diesem Peter rum, was fand die bloß an dem Kerl?
Wütend saugte er den Landwein in die Leber, bis der Karton fast auf Nullvolumen zusammengedrückt war, und spülte mit dem restlichen Johnny Walker nach.
Robert rülpste und kroch stinksauer in seinen Schlafsack.

In dieser Nacht träumte er schlecht:

Hackbraten

Er gab vor, die (...Die allzu blutrünstigen Momente dieses Alptraums müssen mit Bitte um Verständnis in Rücksicht auf die weniger nervenstarken Leser unwiedergegeben bleiben...) doch dann brach er mit einem kraftvollen Druck seiner Hand das
altbackene Brötchen entzwei und drückte die kleinere, wehrlose Hälfte solange unter Wasser, bis keine Luftbläschen mehr aufstiegen und es ohne Gegenwehr unter Wasser liegen blieb.
Er wirbelte herum, griff sich
eine unschuldige **Zwiebel**, zog diesem armen Geschöpf die Haut ab, vierteilte es und schnitt zwei Viertel davon in kleine Würfel. Das war das einzige Mal, daß Robert während dieses Massakers so etwas wie Mitleid zeigte und ihm eine Träne über die Wange lief. Danach ging er wieder mit unglaublicher Kaltblütigkeit vor: Er hackte
eine halbe Zehe vom laut schreienden **Knoblauch** ab und zerstückelte diese ebenso wie ein bißchen von der um Gnade flehenden
Petersilie, bis keiner mehr hätte erahnen können, was beides vor seiner Rauschtat gewesen war.
(...)
200 g Fleisch, je zur Hälfte von dem alten Schwein und der dummen Kuh, nahm er und drehte es mit einem seltsamen Grinsen durch den Wolf, griff sich das mittlerweile aufgedunsene Brötchen, zerrte es an die Wasseroberfläche, quetschte es aus und warf es erbarmungslos in eine Schüssel, in der auch die anderen Opfer seines Killertriebes landeten.
Im weiteren Verlauf dieser mörderischen Verbrechensserie verschwanden noch
ein Löffel Moutard aus Dijon,
ein armes, **kleines**, seiner schützenden Schale beraubtes
Hühnerkind, mindestens
ein halber Teelöffel Salz, wenigstens
eine Prise Pfeffer,
eine Messerspitze Thymian und
eine Messerspitze Paprika in dieser Schüssel des Grauens.
Was sich dort für scheußliche Szenen abgespielt haben müssen, als Robert zuerst (...) und danach noch alles mit dem Knethaken seines Handmixers zu einer undefinierbaren, homogenen, fleischigen Masse verquirlte, kann nicht beschrieben werden.
Als sicher gilt nur, daß er den wimmernden Fleischteig, den er in eine brotähnliche Form gebracht und in den aufgeriebenen Resten der anderen **Brötchenhälfte** gewälzt hatte, von allen Seiten je 3 Minuten in einer Pfanne **siedenden Öls** (ein Eßlöffel) angebraten haben mußte, bevor er über diese Szene des Schreckens endlich das Mäntelchen des Schweigens in Form des Pfannendeckels senkte und den fleischigen Klumpen 20 Minuten im eigenen Saft schmoren ließ.
Bevor er sich anschickte, dieses falsche Häschen und einen treulosen Tomatensalat zu verschlingen, nahm er die Kettensäge (...)

Schierling hat zum Verwechseln Ähnlichkeit mit Küchenkräutern und eignet sich daher hervorragend zum Beerben von Onkeln und zur Bewirtung von Schwiegermüttern, er entwickelt leider bei Erwärmung mäuseurinähnlichen Geruch. Plato berichtet, daß Sokrates bei seiner Hinrichtung über den Geschmack des Schierlingsbechers gesagt haben soll: „Schmeckt irgendwie so'n bißchen nach..." der Rest ging unter in unverständlicher Agonie. Bei einer ungewollten Vergiftung kredenze man gesättigte Salzlösung oder ähnliche Brechmittel, und der zweite Gang sei der ins nächste Krankenhaus.

Herings-

Den Verkehrsfunk um sieben Uhr morgens, mit dem sein Radiowecker ihn aus dem Schlaf reißen wollte, überhörte er, weil Quincy während der Verhandlung seines Falles auf dem Frankfurter Nordwestkreuz bezeugte, daß er so etwas außer im „Schweigen der Lämmer" noch nicht gesehen habe, und er sei nun schon über zwanzig Jahre im Beruf.
Die Nachrichten waren auch nicht interessant genug, die Aussage von Kriminaloberinspektor Derrick aus Bonn und Washington zu unterbrechen, der eine Komplizenschaft mit Freddy Krueger nicht ausschließen wollte.
Judge Lynch setzte sich gegen den Wetterbericht durch und verurteilte Robert zu 999 Jahren Kerker bei Wasser, Brot und strömendem Regen.
Als dann aber im Gerichtssaal die Zuschauer tumultuarisch gegen das viel zu milde Urteil protestierten und Tony Christie aufsprang, um „I did what I did for *Maria*" zu schmettern, kam Roberts rechte Faust zu Bewußtsein und schlug mehrmals suchend auf den Boden und schließlich auf den Radiowecker, dessen Einzelteile selbständig ihr Heil in der Flucht suchten.
Während ein großes Kunststoffzahnrad, das den Ort der Zerstörung in nördlicher Richtung verlassen hatte, ins Trudeln kam, um in immer engeren Zirkeln eine Spirale zu beschreiben, öffneten sich Roberts Lider, um den immer weiter werdenden Zirkeln seiner Pupillen den Blick an die kreisende Decke freizugeben.
Wieso in drei Teufels Namen hatte er bloß an einem freien Samstag den Wecker gestellt?!? Sogar Heinrich sah ihn völlig entgeistert an. Ihrem weisen Beispiel folgend, drehte er sich einfach wieder herum, um weiterzuschlafen. Doch da fuhr, pünktlich auf die Minute, die 07.13 h-Straßenbahn mit Höllengerumpel durch seinen Schädel, direkt über sein von Wein und Whiskey aufgeweichtes Großhirn.
Nie, nie wieder wollte er seinen Kopf in Alkohol einlegen, gelobte er. Zumindest nicht sofort. Aufrichten konnte er sich nicht, das anatomische Präparat auf seinen Schultern war vielfach zu schwer. Etwas anderes, als zu Hause zu bleiben, käme gar nicht in Frage, denn mit dem Schädel käme er sowieso durch keine Tür mehr.

Salat

Er zündete sich eine Zigarette an, den Dämon in seinem Kopf auszuräuchern. Danach eine als Weihrauchopfer für die Schutzheiligen des klaren Gedankens. Eine dritte, um den faden Geschmack auf seiner Zunge loszuwerden.
Dann entschloß er sich, einen Kaffee zu kochen, damit er den faden Geschmack der Zigaretten wieder loswürde. Dazu krabbelte er eine Viertelstunde später auf allen Vieren mit freundlicher Unterstützung seiner Schultern und seiner Stirn zum Herd (allerdings nicht besonders schnell, da jeder Stundenkilometer einen seismischen Richterpunkt in seiner nach oben offenen Hirnschale bedeutete), hangelte sich, als die 08.13 h-Tram vorbeifuhr, am Ofentürgriff und den Dreharmaturen bis zu den Herdplatten hoch und hielt sich zur Stabilisierung der Vertikalen am Wasserhahn und der Dunstabzugshaube fest. Gott, was war das schwindelig da oben!
Robert kochte schwankstehend einen in Farbe, Konsistenz und Geschmack leichtem Heizöl nicht unähnlichen Kaffee, trank davon im Stehschwanken vier Tassen, und als er 09.13 h wieder wachvibriert wurde, wußte er, daß er auch im Stehen schlafwanken konnte.
Darauf destillierte er zum endgültigen Wachbleiben eine Kanne vom Stärksten, der Dröhnung, von dem er Herzrhythmusstörungen bekam.
Und Hunger. Trotz Kater.
Also nahm er, ohne sich allzusehr nach vorne zu beugen, von den neuen Vorräten aus dem Kühlschrank
einen tafelfertigen Matjeshering (filetiert – selbstverständlich), schnitt ihn in Stücke und vermengte diese und die
Ringe einer halben Zwiebel in einer Schüssel. Der Geruch des
einen letzten **Schluckes Rotwein**, den er darüber goß, zwang ihn, sich die folgenden 2 Stunden an der Spüle festzuhalten. Währenddessen konnten Hering und Zwiebeln im Rotwein ziehen. Dann aß er die
eine Hälfte eines Apfels, während er die andere schälte, entkernte und in dünne Scheiben schneiden wollte, aber tatsächlich nur dicke Keile und kleine Späne schnitzte, die er mit
etwas Zitronensaft beträufelte. Er zerdrückte
einen Teelöffel Kaviar und mischte den mit
einem Viertel Becher saurer Sahne (ca. 40 g),
weißem Pfeffer und **gehacktem Dill**.
Dazu wollte er Salz geben, nahm aber versehentlich
eine Prise Zucker.
Müdigkeit überkam ihn, und er mußte erst mal eine rauchen.
Er ließ Hering und Zwiebeln abtropfen und mischte sie unter die Apfelscheiben mit der Soße und aß diesen Salat auf Weißbrot.
Von der Schnitte, die er Heinrich zusteckte, fraß Frau vom Sängerhof nur das Dressing mit dem Kaviar. Elende, verwöhnte Töle.
Robert schleppte sich zu seinem Schlafsack und igelte sich wieder ein. Gegen zwei Uhr nachts weckte ihn Heinrich und ging mit ihm Gassi.
Den Sonntag verschlief Robert, nur unterbrochen von kurzen Phasen phlegmatischer Hektik, in denen er dem Hund eine Dose Futter öffnete oder ihm Stunden später bei einer langsamen – nein: einer *sehr* langsamen Runde um den Block Gelegenheit bot, sich vom Doseninhalt wieder zu trennen.

Dill schmeckt durch das starke Aroma in Fischgerichten, weil es mit dem Eigengeschmack des Fischs konkurrieren kann, und wirkt daher gekaut auch hervorragend zur Munddesodorierung bei einer Fahne.

Müsli

Montagmorgen, zehn vor fünf.
Seit vier Uhr in der Früh lag Robert wach. Wen wundert's nach anderthalb Tagen Schlafens?
Das sonst als Hausmittel zum Wiedereinschlafen so todsichere Schäfchenzählen versagte, da die Lämmer während des Bocksprungs aus ihrem Vlies schlüpften, sich in Schafskäse verwandelten und ihm direkt in den weit geöffneten, aber wachen Rachen flogen.
Dafür sah er nur eine mögliche Erklärung: Er hatte Hunger. Wie ein Wolf, sozusagen. So ein Fünf-Uhr-früh-Brunch wäre jetzt genau nach seinem Geschmack; also weckte er Heinrich, die aber seine Einladung zum Zufrühstück knurrend ablehnte. Na, dann eben nicht.
Das konnte seine unerträglich gute Laune nicht verderben und so ließ er, während er sein Müsli rührte, Mr. Hit den Boss live nachsingen, wobei er beiden aus voller Brust half:
„I come from…"
3 Eßlöffel Haferflocken, „…valley, where…"
ein Löffelchen Leinsamen, „…when you're…"
2 Eßlöffel gehackte Haselnüsse, „…they bring…"
einen Eßlöffel Rosinen, „…to doin'…"
einen entkernten und in Scheibchen geschnittenen Apfel, „…like…"
einen Achtelliter Vollmilch und
einen Eßlöffel Honig in einer Schüssel vermengen, „…Me and Mary…?!?"
den Plattenspieler ausmachen,
was anderes singen „… du schöhöhöner Wehähästerwald…" und mit
einem Glas frischgepreßtem Orangensaft das Müsli in sich hinein-schaufeln.
Und wie das so ist, wenn man sich mit einem Löffel ständig Brei in die Hamsterbacken schiebt, konnte er zwar nicht mehr laut und schief singen, dafür aber um so besser die Ruhe-Rufe aus der Wohnung von Kowalewskis hören, zu denen sich Heinrich im Takt an seiner Wade wiegte.

Zucker wird nur sehr selten als Gewürz, häufiger als Süßstoff betrachtet. Das und daß seine Wirkung als Geschmacksverstärker unterschätzt wird, ist das Resultat der infamen Antizuckerpropaganda der Zahnlobby, die ihn als Kariesverursacher zu verunglimpfen sucht. Dabei muß man nur mal sehen, was so ein Zahn aus einem Zukkerwürfel macht, dann weiß man, daß Karies reine Notwehr ist, aber ich rege mich schon wieder auf, und das will ich nicht, nicht jetzt!

Sie war doch ein aufgewecktes Mädchen.
Robert aber trotz Vollwertkost immer noch ein hungriger Junge. Er griff sich aus dem Kühlschrank das restliche
Rindfleisch (80 g) von Jean neben Carlton's, schnitt es in vier gleichgroße Teile und in Ermangelung eines Bratenspießes steckte er diese auf ein Stück Draht, das er mit der Geflügelschere aus einem Kleiderbügel herausgekniffen hatte („Mit diesem Stecken und Stab röste ich dich!"); abwechselnd dazwischen
Räucherspeckstückchen,
die Viertel einer Zwiebel,
Paprikastücke und
ganze Champignons, und ließ dies Spießchen in seiner mit
Öl benetzten Pfanne
ein Viertelstündchen braten. Er kochte sich dazu in der Zwischenzeit
50 g Reis, den er mit
Curry würzte, als er aufgequollen war. Aus den Resten der Paprika, die nicht auf dem Spieß schmorten, mischte er in einer Schüssel das, was er für einen Paprikasalat hielt, aber tatsächlich war dies versalzene Gemüsegeschnipsel auch für den Geneigtesten schlicht ungenießbar. Er ging kurz ins Bad, leerte die eine Schüssel in die andere, spülte zuerst die zweitgenannte, dann im Waschbecken die erste und aß sein Bratspießchen zwar mit Curryreis, aber ohne weitere Beilagen.
Und so ganz ohne Beilagen kann man ja gar nicht richtig satt werden, und daher legte sich in der Kochnische folgende Zutaten zurecht:

Schaschlik

Curry:
Tim Curry würzte mit Travestie als Frank N. Furter die „Rocky Horror Picture Show“, bei deren Hochzeitsszene vom Kinopublikum Reis geworfen wird („Curryreis“). Den in einer Nebenrolle als Eddie auftretenden Meat Loaf (dt: Fleisch Klops) schlachtete und verfütterte Furter an die Kollegen. Auch sonst hatte Curry in dieser Rolle viel Lust am Fleisch. In der Verfilmung des Thrillers „Es“ von Stephen King aß er in der Maske eines Clowns Kinder. Wegen dieser Verdienste um das moderne, kulinarische Kino nannte man eine indische Gewürzmischung nach ihm, die aus einem Dutzend Einzelgewürzen besteht.

12

Salbei (oder: die Selwe) unterstützt wie Thymian und Majoran die Verdauung von fetten Speisen. Er ist als Arznei verwendet in der Wirkung so universell wie Kamille. Im Mittelalter konnte Salbei die Fertilität steigern, den Jähzorn zügeln, die Haare wachsen lassen und sogar Cholera heilen! Das kann er heute nicht mehr. Aber bei Magenverstimmung empfiehlt sich ein Tee aus Salbei (ein Teelöffel pro Tasse).

Ein Kotelett, dessen Gewicht er zwischen 180 und 200 g einschätzte,
10 g Butter,
eine Messerspitze Thymian,
eine Messerspitze Rosmarin,
eine kleine Knoblauchzehe,
eine Prise Salbei,
Pfeffer und **Salz**. Er zerstieß die Gewürze im Mörser, vermengte sie mit der Butter und rieb damit das Fleisch ein. Dann nahm er die noch heiße Pfanne vom Herd und legte das Schweineteil hinein. Deckel drauf und ab in die Bratenröhre. In den 25 Minuten, die das Kotelett bei 225° C schmorte, suchte er in seinen Platten nach dem Musiker, der musizieren konnte, ohne dabei eine Marie zu besingen. Er wußte, daß es den geben müßte.
Und er fand ihn! Sein Name war: Last. *James* Last!
Seine Platte hieß: Dancing. *Christmas* Dancing!
So kam es, daß an jenem Morgen um halb sechs die Kowalewskis von Mordlust gepackt wurden und Scheherazade vom Sängerhof ihre These, daß Tibetterrier die wahre Krone der Schöpfung seien, bestätigt sah, weil Robert mit einem Kräuterkotelett Cha Cha tanzte auf „Morgen, Kinder, wird's was geben".

Doch am Tag darauf gab es nichts.
Denn bis zum nächsten Abend hielt dieses wahnsinnige Völlegefühl an, das ihn befallen hatte, als er den Kotelettknochen abgenagt hatte.

Kotelett

13

Senf:
1 Und am Morgen des dritten Tages nach dem Urknall gegen 11.13 h schuf der große Botaniker die Gräser und Kräuter auf dem kargen Lande, denn die Erde war noch eine Wüstenei und öd und leer. 2 Und er sprach: Es lasse die Erde aufgehen Gras und Kraut, das Samen bringe. Und so geschah es. 3 Und davon der Senf wuchs himmelan bis er ward eine Staude, und die war mannsgroß. 4 Boah! 5 Es begab sich aber zu einer Zeit, da der Junior-Chef das heilige Land bereiste; 6 und er sah das viele Volk, das sich versammelt hatte, und das waren Junge und Greise, Frankfurter und Nürnberger, Wiener und Thüringer, und die Jünger traten zu ihm und sprachen: Was willst du tun mit diesen armen Würstchen? 7 Und er gab seinen Senf dazu mit einem Gleichnis (Matth 13, 31.32; Mark 4, 30-32; Luk 13, 18.19) und sprach: Wir wollen sie „Christen" heißen, was griechisch ist und bedeutet: „Die Gesalbten", bzw. „Die Angeschmierten". 8 Und so geschah es! 9 Und noch heute werden die Besenftigten so geheißen.

Die folgenden vierzehn Tage verliefen seinem überlasteten Magen-Darm-Trakt entsprechend lukullisch uninteressant und werden deshalb hier nur kurz abgehandelt:
Am Dienstag aß er – wie bereits erwähnt – nichts.
Am Mittwoch eine Tüte Chips.
Tags drauf wollte er sich eine Pizza kommen lassen, aber donnerstags hat das „Societa onorevole" Ruhetag.
Den Rest der Woche aß er dann nichts Nahrhaftes.
In der zweiten Woche stellte er anhand des sich abzeichnenden Skorbuts fest, daß der menschliche Körper aus Filterzigaretten, Dosenbier, Speiseeis und schwarzem Kaffee nur die allerwenigsten Vitamine synthetisieren kann, und er zwang sich, jeden Abend nach vollzogener Juristerei ein Gericht zuzubereiten, nach immer gleichlautendem Rezept:
Eine Dose Fertiggericht wie auf dem Etikett angegeben erhitzen.
In der Annahme, damit ausreichend mit Nährsalzen versorgt zu werden.
Dennoch beeinträchtigte die Ernährungsweise dieser Woche seine Gesundheit nicht wenig: Da er der Einfachheit halber die Konserven zum Erwärmen nicht umtopfte, sondern direkt auf die Herdplatte stellte, verbrannte er sich beim ersten Mahl zunächst die Finger am heißen Blech und dann die Türplatte, weil er, um auch noch den Abwasch zu sparen, die Büchse an Tellers statt in seinem improvisierten Refektorium anrichtete.
An den folgenden Tagen umging er dieses Problem, indem er beim Essen Zeitungen unterlegte. Damit verringerte er zwar die Gefahr eines Wohnungsbrandes, hatte dafür aber ständig das Aroma angekokelter Druckerschwärze in der Nase.
Die Nase voll hatte Robert allerdings erst am Freitag, als er im Seminar bei seinen Kommilitonen zum Ziel spöttischer Anspielungen wurde. Er hatte sich am Abend zuvor beim gierigen Leeren einer Dose Dessertbirnen den scharfgeränderten Deckel in die Nasenspitze gerammt, was wohl erheiternd aussah. So oder so, nach diesem einschneidenden Erlebnis ließ er mit den zwei Portionen Schellfisch in Senfsauce, die er an jenem Abend vorsichtshalber vor dem Verzehr auf einen Teller gab, wieder alter Väter Tischsitte an der Türtafel einkehren.
Das bannte leider nicht die Gefahr einer Milzbrandinfektion, die von den in der ganzen Wohnung herumstehenden, seit dem Wochenende streng riechenden, leeren Büchsen ausging. Während er diese am Montag, dem Gesundheitsamt zuvorkommend, zusammensuchte, um sie den Weg allen Weißblechs gehen zu lassen, addierte er die unverbindlichen Preisempfehlungen und kam zu dem Schluß, daß sein schmales Referendarssalär bei konsequenter Konservenkocherei nach 13,01 Tagen aufgegessen sein würde.
„Und dann hab ich noch nichts getrunken!"
Also mußte er zurückkommen zu seinem ursprünglichen Ehrgeiz, kochen zu lernen.
Und er kam.

Dosen-
futter

Diesmal unter Einsatz modernster Technik. Robert hatte seit dieser Woche nämlich wieder einen Fernseher! Zwar nur einen Schwarzweißen, der beim Vorbeifahren der Straßenbahn automatisch den Kanal wechselte, aber ansonsten war es für einen Portablen ein tragbares Gerät.
Robert hatte im Programmheft gesehen, daß dienstags, zehn nach sieben, der „Teletopf" kam, die Sendung für den Soßenfreund. Es würden normannische Medaillons in Calvados vorgekocht.
Und Robert würde dabei sein!
Er schaute ins Programmheft, welche Zutaten er tags drauf brauchte und was er davon noch zu besorgen hatte:
200 g Schweinelende (auch nicht viel billiger als Dosenkost)
50 g frische Champignons,
50 g Crème fraîche,
30 g Butter,
2 cl Calvados und
Mehl.

14

Medaillons

Kerbel kommt aus Rußland, Suppenköche stehen drauf und auch in Salaten geht er. Er gehört zur gleichen Familie wie die Petersilie, schmeckt ein wenig wie Anis und hat Ähnlichkeit mit Schierling (Vorsicht beim Selbstsuchen! Siehe „8“)

Kerbel, **Pfeffer** und **Salz** waren noch überreichlich in seinem Kräuterregal vorhanden, das jetzt die Stelle an der Wand zierte, an der zuvor der Arcimboldo gehangen hatte.
Als Beilage sollte man
Nudeln kochen und dazu einen
Weißherbst servieren.

Am nächsten Abend, zur gegebenen Zeit, stand er zu allem bereit an seiner Küchenzeile, in seiner Rechten das große Küchenmesser, mit der Linken die Lende auf die Arbeitsfläche pressend (nein, nicht seine eigene, die Schweinelende natürlich) und den Blick nicht vom Fernseher wendend.

Auf der Mattscheibe erschien nach dem Vorspann eine von diesen TV-Tussis, deren Figur verriet, daß sie ihre Kochkünste nie an sich selbst ausprobierte. Sie begann mit einem von der Zahnpflegeindustrie gesponsorten Lächeln, das gegen 311 d verstieß, alle Teletopfgucker im Studio und zu Hause an den Geräten und Öfen und besonders die in Österreich-Ungarn und in Liechtenstein zu begrüßen. Dann wandte sie sich dem Schweinefilet zu, das sie schon in gleich große Medaillons geschnitten hatte, „die man mit Pfeffer und Salz würzt und mit Mehl paniert.“ Gesagt, getan.

Stigmatisiert guckte Robert auf die flinken Moderatorinnenhände, deren Geschwindigkeit eine unglaubliche Routine verrieten; seine hatten es im Gegensatz dazu bis dahin nicht mal geschafft, das erste Medaillon vom Filet zu schneiden!

„Die Medaillons in einer Pfanne mit der zerlaufenen Butter halb durchbraten…“

Zu dumm, er hätte die Pfanne ja schon vor der Sendung aus dem Topfschrank nehmen können, wo war die denn bloß?!?

„…dann die Champignons – die haben wir schon vor der Sendung geschält und in Scheiben geschnitten – in die Pfanne geben, Deckel drauf und dämpfen lassen“, lächelten ihre Schneidezähne,

„…vor der Sendung, vor der Sendung…“ knirschten seine Mahlzähne.

„Wenn das Fleisch bei leichtem Druck nicht mehr nachgibt, ist es durch und kann aus der Pfanne genommen und auf einer Warmhalteplatte angerichtet werden“, machte Ms Zahnputzbecher vor, als Robert endlich das erste Medaillon in die Pfanne legen wollte.

„Die Crème fraîche und einen Schuß Calvados über die Champignons geben, einkochen lassen, mit Pfeffer und Salz abschmecken und über das Fleisch geben – das haben wir schon vorbereitet“ flötete sie und zauberte aus einer anderen Ecke des Bildschirms eine fertig angerichtete Bratenplatte, über die sie „…ein wenig gehackten Kerbel“ streute. „Guten Appetit. Dieses und viele andere leckere Rezepte gibt's natürlich auch in unserem Begleitbuch zum Teletopf, das im Buchhandel erhältlich ist, schauen Sie doch auch beim nächsten Mal wieder rein…“

Und bei dem, was sich wie ein „Tschüs“ anhörte, aber wie ein „Cheese“ aussah, rumpelte die allstündliche Straßenbahn vorbei und schaltete auf den Werbeblock des Nachbarsenders um, in dem irgendwelche Partner irgendwelche Autos zu irgendeinem Lied von Robert Palmer durch irgendwelche Paradiese fahren ließen.

Dieser Klang erschöpfte unseren Robert irgendwie höllisch, obwohl er gerade mal die paar Medaillons in die Pfanne gelegt hatte.

Nach einer Schweigeminute an der Nirosta holte er sich aus dem Kühlschrank ein Bierchen und nahm einen Schluck. Dann switchte er wild durch die vier Kanäle, die er empfangen konnte und ließ den Spielfilm im Ersten auf Sendung. Seine ganze Aufmerksamkeit gehörte nun wieder den Lebensmitteln: den Apfelschnaps verkorkte er und stellte ihn zurück in den Schrank, die Medaillons legte er wie die Champignons ins Gefrierfach und das Mehl, das er zum Panieren bereitgestellt hatte, tat er in eine Schüssel, da man das Zeug nicht mehr zurück in die Tüte schütten könnte, ohne die ganze Wohnung zu pudern. Der Anblick von Mehl in einer Rührschüssel inspirierte ihn dazu, zu backen. Am besten etwas, mit dem er den ganzen Kram vor sich wegbekäme.
Am besten eine Quiche Lorraine!

Quiche Lorraine

Denn die sei ein altes Resteessen, sagte seine Tante Irene immer, und mit „Resten" war er nach diesem Fernsehflop reich gesegnet. Ja, er wollte eine Quiche Lorraine backen.
Aber da war auch schon wieder sein altes Problem: Zwischen „backen" *denken* und „backen" *tun* liegt die Kenntnis vom Backen, und davon hatte er nicht für einen Groschen Ahnung.
Morgen würde er sich endlich ein Kochbuch kaufen!
Solange würde er eben improvisieren und
sich zu erinnern versuchen:
eine Quiche Lorraine besteht aus
einem Teigrand mit was drin.
Also erstmal Teig rühren.

*Paprika:
Wem der Gebrauch von ganzen Paprikaschoten nicht liegt, da diese Dinger doch etwas sperrig sind, sollte gemahlene Paprika verbraten.*

$$x = y +$$

Was aber ist Teig für eine Masse?
Welche Menge der Zutaten braucht man?
Wie lautete die Formel für Teig – Robert? „Teig = Mehl + x, und Speckkuchen ist salzig, also ist x = Salz + y." Aber nur, wenn Mehl, Salz, x und y Elemente der Menge der rationalen Zutaten sind und eine Kilokalorie die Menge Energie ist, die man braucht, um einen Liter Wasser um 1° C zu erwärmen!"
Er gab folgerichtig zu den
50 g Mehl noch
eine Messerspitze Salz und versuchte, das zu einem Teig zu kneten. Aber der wollte nicht ganz so geschmeidig werden, wie Teig so sein sollte, und da gab er

noch etwas y in Form von
40 g Butter zu. Jetzt war das ganze schon mächtig knetbar, aber irgendwas hatte er vergessen.
Safran? Macht angeblich den Kuchen gel. Zumindest im Kinderlied.
Oder Hefe?
„Hefe! Na klar, Hefe! Man sagt ja nicht ohne Grund *Hefe*-teig! Wo krieg' ich jetzt Hefe her?" Sein suchender Blick pendelte sich an der Bierflasche ein: „Ja, das müßte gehen! In Bier ist Hefe. (*singend:*) Hefen und Malz usw, usw."
Und weil dieser Typ von Tuten und Backen nicht den geringsten Schimmer hatte, goß er
einen Eßlöffel Bier ins Mehl und knetete seinen „Hefeteig".
Dann nahm er anstatt einer Springform für Singles (sowas gibt's!) einen Suppenteller aus diesem unzerbrechlichen, hitzefesten Glasmaterial, fettete den mit Butter, legte die Vertiefung mit dem Mürbeteig aus
und formte noch einen ein Zentimeter hohen Wulst.

Der Rest war einfach: Er vermischte seiner Erinnerung folgend in der Schüssel
ein Ei,
einen gehäuften Eßlöffel Petersilie (gehackt, ohne Stiele),
eine Messerspitze Edelsüßpaprika,
75 g geriebenen Emmentaler und
50 g fein gewürfelten Schinkenspeck mit den
50 g Crème fraîche vom Teletopf und goß diese Masse in den Suppenteller.
Er stellte den Backofen auf Verdacht auf „225" (das war sein Geburtstag) und schob die Quiche auf der mittleren Schiene rein (die mittlere kann nie verkehrt sein).
In der halben Stunde, die sie brauchte, um oben goldbraun zu werden, sah sich Robert den Spielfilm an, den er allerdings ziemlich doof fand („Igitt, die küssen sich!") Und dann hatte diese Schnulze auch noch ein Happy End, was für ihn seit zweieinhalb Wochen völlig realitätsfern war: „So ein Quatsch!"
So was kann's vielleicht im Lügenmärchen geben.
Und auch da nur, wenn sie nicht gestorben sind.
Er schaltete den Fernseher aus, guckte in die Röhre, befand sein Backwerk für gelungen, holte es aus dem Ofen, setzte sich damit an den Türtisch, und noch heiß verschlang er es. Ausnahmsweise war an diesem Abend die Kocherei mal gutgegangen.
„Trotzdem kauf' ich mir morgen ein Kochbuch!" nickte er bekräftigend Heinrich zu, aber die erwiderte nichts.

Bouilla-baisse

Sie erwiderte auch am nächsten Abend nichts, als Robert aufgeregt in die Wohnung stürzte. Sie schaute ihn nur aus ihren großen verwunderten Hundeaugen an, wie er mit Riesenschritten auf sie zukam und dabei alles, was er in den Händen und unter den Armen getragen hatte, zu Boden fallen ließ. Alles, bis auf ein großes, noch eingeschweißtes, weinrotes Buch, mit dem er ihr vor der Nase herumwedelte, zu einen seltsamen, frohlockenden Singsang tanzend: „Das sei das neueste, größte, beste, schönste Kochbuch auf dem Büchermarkt, hat die Händlerin gesagt! Hier drin sind die besten Rezepte aus aller Welt. Die allerbesten! Da stehen sie alle drin, all die leckeren Zauberformeln!"
Voll Pathos hob er das Buch gegen die Decke, deutete aus der Hüfte mit den Fingern der linken Hand auf den „Nice Price"-Aufkleber und tremolierte:
„Und dies geheimnisvolle Buch,
Von Nostradamus' eigener Hand,
Ist dir es nicht Geleit genug?
Erkennest dann der Sterne Lauf,
Und wenn Natur dich unterweist,
Dann geht die ähhhh...die Dingens, die ähm...öhhh..."
Seine kraftvolle Linke rettete Robert und überbrückte die peinliche Pause im Monolog, indem sie die Folie vom Folio riß. Heinz in ihrer Lhaso Apsis unter Wassily senkte gelangweilt wieder ihr Haupt. Vermutlich ahnte sie in der ihr angeborenen buddhistischen Gelassenheit, was kommen müßte.
Und kam, als Robert zu blättern begann:
„Hä?!? Was ist denn das? – *Saumon suedois au herbes fines* – Kann man das essen?"
Entsetzt ließ er die Seiten an seinem Auge vorbeidefilieren, das sich mit Wasser füllen wollte, weil sich das neueste, größte, beste, schönste Kochbuch auf dem Büchermarkt bedauernswerterweise auch als das schwierigste erwies. Auf jeder Seite waren neben fürchterlich unterkühlt wirkenden Studiofotos, die entweder die Zutaten in blitzenden Edelstahldesignerküchen (Wie kriegen die die bloß immer so sauber?), oder die fertigen Speisen in gediegenem Ambiente vorführten, Rezepte zu lesen, für deren Entzifferung er die Vokabelhefte aus seinem Franz.-Grundkurs reaktivieren müßte.
Ragoût poivré de chevrette à la Souabe – Das letzte Wort hieß „Schwaben" und was ein Ragout ist, konnte er sich auch noch verbildlichen, aber wo zum Teufel bekäme er ein Kilo *Chevrette* her? Konnten die denn ein schwäbisches Rezept nicht in deutsch abdrucken? Oder hier: *„Boulette de bouvillon américain et salade sur petit pain à la mousse de tomate* – Was war das denn für eine elitäre Delikatesse?"

16

Das einzige Gericht, unter dessen Namen er sich sofort etwas vorstellen konnte und das auch das einzige zu sein schien, das tatsächlich in Frankreich beheimatet war, war die Bouillabaisse. Aber selbst die wäre für ihn nicht ganz ohne Probleme in der Zubereitung. Zwar brauchte er für eine Bouillabaisse nicht *gratinieren, tournieren* oder *faschieren* zu lernen, sondern müßte nur aus den Abfällen, die beim Vorbereiten der Fische anfielen
(**Schuppen**, **Flossen**, **Gräten** und **Köpfe**) in
einem Liter Wasser mit
einem Lorbeerblatt eine Brühe *kochen*. Oder in einem Topf
3 Eßlöffel Olivenöl *erhitzen*, in dem er
eine grob gehackte Zwiebel und
eine zerdrückte Knoblauchzehe *anröstete*. Er wüßte auch
eine geschälte und geviertelte Tomate,
2 geschälte und grob gewürfelte Kartoffeln,
eine Messerspitze Thymian,
eine Messerspitze Salbei,
eine Prise Safran,
eine Prise Fenchelsamen,
eine Messerspitze Pfeffer und **eine Prise Salz** und die mit einer Bürste *gesäuberten* Muscheln und die Fischstücke in den Topf zu *geben*. Auch das *Übergießen* der im Topf befindlichen Zutaten mit dem kochenden, *gesiebten* Sud bereitete ihm soweit keine Probleme. Und *aufkochen* und auf niedriger Wärmestufe 10 Minuten *kochen lassen*, oder mit Knoblauchbrot *servieren* gehörte zu seinen leichtesten Übungen.
Aber wo er hier, auf dem platten Binnenland, -zig Kilometer vom nächsten Meer entfernt, in dieser Hauptstadt der Provinz, in der der fangfrischeste Fisch noch immer die Ölsardine war,
250 g frische (vollständig geschlossene) **Miesmuscheln**,
250 g frischen Kabeljau,
250 g frischen Rotbarsch,
150 g frischen Seeaal,
150 g frischen Steinbutt,
150 g frische Rotbarben,
150 g grüne Makrelen *hernehmen* sollte, war ihm ein Rätsel.
Und mit selbstgeangelten Forellen, Karpfen und Äschen schmeckt eine Bouillabaisse nur bedingt nach Bouillabaisse. Robert gestand ein, sich mit diesem Buch verkauft zu haben. Alles in allem war es für ihn ein Kochbuch mit sieben Siegeln.
Verzweifelt sah er Heinz an, in der ernsthaften Befürchtung, trotz der neuesten, größten, besten, schönsten Anleitung auf dem Büchermarkt wieder hungrig in seinen Schlafsack kriechen zu müssen.
Aber so schnell gab er dann doch nicht auf. Er schlug das Kochbuch zu und legte es auf das Telefonbuch. Dann nahm er den Hörer, um seine Mutter anzurufen, aber da war besetzt. Und das immer noch, als er eine Dreiviertelstunde später bei seiner Tante anrief.

Fenchel wird heute hauptsächlich als Backgewürz und in der traditionellen französischen Küche verwendet. Als Heilkraut wurde er im Mittelalter bei Schlangenblähungen und Babybissen eingesetzt. Oder umgekehrt. In der Antike fand er als ein Caesarenlorbeersurogat Anwendung. (Asterix, Band XVIII)

17 Pichelsteiner

„Hallo, Tante Irene, ich bin's, Robert, der Filius von deinem kleinen Bruder. … Ich sahgte: Hahlo, Tahnte Ierene, iech bin ehs, der Rohbert. … Danke, gut. … Dahnke, guht! Und dier? Was machen die Augen? … Ah. Schöhn! Und die Ohren? … Die Ohrehn! … Das merkt man. …
Weswegen ich anrufe? Ich wollte dich mal fragen, wie man den Pichelsteiner Eintopf macht, den ich früher bei dir so gerne gegessen habe! … Das Fahmielienrehzehpt für den Piehchehlsteihnehr Tohpf. … Was, was? Moment, das muß ich mir aufschreiben. … Lahngsahm! … Rinderherz (das soll ich früher gerne gegessen haben?!?) oder
Rindfleisch oder **Schweinefleisch**. Und wieviel davon? …
Wieh viehl?!? … Wie: ‚Für wie viele Personen?' – Für mich allein! … Nuhr führ miech! … Ein Viertelpfund also. Gut, weiter! … Das gewürfelte Fleisch und …
2 Eßlöffel gewürfelten Schinkenspeck und …
eine halbe gehackte Zwiebel in …
2 Eßlöffeln Butter (oder Schmalz) im Topf anschmoren. … Dann ein
Viertelmaß Wasser drübergeben und – *Viertelmaß*? Von welchem Maß ein Viertel? … Was iest ein Mahß? … Soso, eine alte Bezeichnung für Liter. Gut, weiter … ein knappes Stündchen auf kleiner Flamme köcheln lassen. …
Ein Viertelpfund in Stifte geschnittene Möhren, …
ein Viertelpfund grob gewürfelte Kartoffeln … und
ein Viertelpfund in Stifte geschnittenen Sellerie dazugeben. … Mit
Kümmel, …
gehacktem Schnittlauch, …
gehacktem Liebstöckel … und
Salz abschmecken … und auf kleiner Flamme garkochen lassen. – Prima, aber Tante, wieviel Salz soll ich nehmen? Nicht, daß ich's *ver*salze! … Salz, Tante, wieviel Sahalz!?! … Nach Gutdünken? Geht's nicht noch ein bißchen genauer? Nur ein klitzekleines bißchen? … Wieh viehl Sahaltz? … Was? Ein Achtellot Salz?!? Tante Irene, bleib' bitte bei der Sache. Ich hab' jetzt keine Zeit für 'ne Bibelstunde, ich weiß, daß Lot mit so 'ner Pökelsusi verheiratet war und… … Was meinst du denn dann mit *Lot*? Ich will kein Blei gießen. … Wer ist hier schwer von Begriff? … Wieviel ist denn jetzt ein Lot? … Der 32. Teil eines Pfunds? Mein Gott, ist das alles kompliziert! … Kohmpliezierт, Tante! … Was soll das heißen, ich solle den Pichelsteiner Topf lieber aus der Dose machen?!? … Ja, Tante Irene, ich sag mal schön artig ‚Danke', ich ruf dich demnächst wieder an, tschüs. …"

Kümmel macht sich gut beim Brotbacken; aber vor allem bei fettreichen Speisen sollte man kräftig kümmeln.

So konnte das beim besten Willen nicht weitergehen. Wenn er sich Rezepte von seiner Mutter geben ließ, dann waren diese so ungenau in den Maßangaben, daß man aus den Zutaten für Grünkohl mit Pinkel ungewollt Mousse au Chocolat kochen konnte.
Bei den Rezepten von Tante Irene, die nachweislich die zweitbeste Köchin der Welt nach seiner Mutter war, verhielt sich der Sachverhalt ähnlich unklar. Fernsehköche wiederum waren zwar in diesem Punkte wesentlich exakter, dafür aber so schnell, daß er, um mitkochen zu können, sogar die verhaßte Mikrowelle noch tunen müßte.
Und die in den Geschenkkochbüchern zur Zubereitung geforderten Ingredienzen waren meist so erlesen, daß Ottonormalrobert nicht einmal wußte, wie diese aussahen, geschweige, wo er sie zu erwerben hätte. Oder die Tätigkeiten, die auszuführen er darin aufgefordert wurde, waren allesamt Lehnwörter aus dem Althebräischen oder Pahlavik. Bis er beispielsweise herausbekommen würde, daß „Bardieren" ein Umwickeln mit Speck bedeutete, wäre das Haltbarkeitsdatum seiner Zutaten sicher längst abgelaufen. Oder wie zum Teufel „dressiert" man denn bereits tote Hühner oder Fische? Das war doch zum Durchdrehen! (Womit in diesem Zusammenhang *nicht* die Zerkleinerung mittels eines Fleischwolfs gemeint ist.)
Nein, Robert schwebte als Anleitung etwas anderes vor. Etwas, in dem man auch noch Omas leckere Reibekuchen finden konnte und nicht nur solche Gaumenstreichler wie „Soufflé aus Gekröse von Bressewachteln auf Blattspinatsockel".

Etwas, womit auch jemand einen Ratgeber hätte, der nicht Bäcker gelernt hat oder leidenschaftlicher Hobbykoch ist, oder der mit französischem Pseudonym „Paul Bocuse" heißt. Ein Kochbuch für den absoluten Durchschnittsesser.
So wie ihn.
Also eine Art GBüKoB: Das Gutbürgerliche Kochbuch, ein Gesetzbuch der gutbürgerlichen Küche. Das einen allgemeinen Teil haben müßte, der beginnt mit:
§ 1. Spülung. Nach dem Spülen findet sich immer noch ein schmutziger Löffel.
Und dann müßte dies Buch natürlich einen besonderen Teil haben mit Paragraphen wie:

Muskat:
Aus der Muskatbeere werden zwei Gewürze gewonnen: Zum einen die Muskatnuß, die keine Nuß ist, sondern der Kern der einsamigen Beere. Zum anderen die Muskatblüte, die nicht aus der Blüte des Muskatbaumes gewonnen wird, sondern aus dem getrockneten Samenmantel der Beere. Beide Gewürze sollten nicht durchzuschmecken sein, daher nur in Prisen verwenden. In großen Dosierungen treten Vergiftungen auf! Die Verkalkung der Nuß ist typisch holländisch und ein Relikt aus deren Muskatmonopolzeiten. Sie sterilisiert den Samen und hat keine geschmackliche Relevanz.

§ 18. Kartoffelzubereitung.
(1) Die Kartoffel wird zwischen 20 bis 30 Minuten gekocht.
(2) **Pellkartoffeln** ißt, wer gewaschene und gebürstete Kartoffeln in Salzwasser (mit Kümmel) zum Kochen bringt und gar kochen läßt.
(3) Ein Fall von **Salzkartoffeln** liegt vor, wenn die Kartoffeln zuvor dünn geschält und ihnen die Augen entfernt werden.
(4) Wer nach Abs. 3 vorgeht und dann die Kartoffeln zerkleinert, den zwanzigsten Teil des Kartoffelgewichts in Butter und ein Viertel des Gewichts in heißer Milch zugibt, die Zutaten schaumig schlägt und mit Salz und Muskat abschmeckt, erhält **Kartoffelbrei**.
(5) **Bratkartoffeln** ißt, wer nach Abs. 2 vorgeht, dann die Kartoffeln pellt und in Scheiben schneidet, mit gewürfelter Zwiebel und Öl 10 Minuten in einer Pfanne brät und dabei mit Pfeffer und Salz würzt.
(6) Wer nach Abs. 2 vorgeht, die gepellten Kartoffeln zerstampft mit dem zehnten Teil Semmelmehl und Ei vermengt, mit Salz, geriebener Muskatnuß würzt und dann mit nassen Händen zu Kugeln formt, gart in Salzwasser in 20 bis 25 Minuten **Kartoffelklöße**.
(7) Wer Kartoffeln schält und in Streifen mit viereckigem Querschnitt zerteilt und in siedendem Pflanzenfett 2 Minuten schwimmen läßt, mit einem Schaumlöffel herausnimmt, abgetropft und abgekühlt 10 Minuten weiterfritiert und mit Salz bestreut, ißt **Pommes frites**.
(8) Wer nach Abs. 7 vorgeht, aber statt Salzstreuung eine Mayonnaisierung und Ketchupierung durchführt, ißt **Pommes weiß-rot**.
Ja, das wäre genau das, was er brauchte, und nicht nur er!
Solch ein Werk wäre mit Sicherheit eine Bereicherung für die Allgemeinheit und würde überdies auch noch völlig neue Perspektiven in der Jurisprudenz eröffnen:

18

ffeln

Kann man für sich – jetzt nur mal so angenommen – die Kronzeugenregelung in Anspruch nehmen, wenn man Eier in die Pfanne haut?!?
Fällt heiße Milch mit Honig unter das Betäubungsmittelgesetz?
Darf man die Abschreckung bereits gegarter Teigwaren als straflose Nachtat definieren?
Und inwieweit ist das Schlagen von Sahne justiziabel?
Könnte die Beantwortung dieser Fragen den Nährwert des Jurastudiums gehaltvoller machen? Darüber würde er nächstens mit seinen Kollegen im Seminar diskutieren, die hatten auch ständig Hunger.

Doch zunächst etwas Werbung, bitte bleiben Sie dran!

Orangenkaffee

Kardamom ist einer der Hauptbestandteile in Curry. In Indien würzt man damit auch die Betelblätter, die gekaut werden. In den arabischen Ländern wird er hauptsächlich im Kaffee getrunken. (Jetzt auch als eine Prise Kardamom koffeinfrei!)

„Frau Kaiser, meine Tassen sind wieder nur halb leer."
„Halb leer?"
„Ja, obwohl ich meinen Orangenkaffee doch mittlerweile sogar mit Nelken aufbrühe!"
„Nelken?"
„Ja, ich nehme für jede Tasse
einen schwach gehäuften Teelöffel gemahlenen Kaffee und
eine Nelke und übergieße das mit kochendem Wasser."
„Kochendem Wasser?"
„Ja, und dann siebe ich's durch und gebe nach Geschmack
Orangenlikör dazu..."
„Orangenlikör?"
„Ja, und dann süße ich es noch mit
Zucker und trotzdem trinken die Gäste auf meinen Hochzeiten und Beerdigungen die Tassen nicht aus! Was soll ich bloß tun?"

Wir wissen natürlich nicht, was diese nette Frau Kaiser empfiehlt, wir empfehlen in solchen Fällen
eine Prise Kardamom!
Denn das neue
eine Prise Kardamom ist noch neuer als das alte und hat noch mehr Geschmack! Das Mikroskop beweist: Das neue
eine Prise Kardamom kommt auch dahin, wo die Zahnbürste nicht hinkommt!

„Und ich hab'
eine Prise Kardamom genommen!"
„Und?"
„Ja, alle meine Gäste lieben jetzt meinen Orangenkaffee, und ich habe richtig Lust, mal wieder zu heiraten!"

Das neue
eine Prise Kardamom mit der *1 UWG § 3*-Ultraformel gibt es jetzt 19 Mal in Deutschland und einmal auch in Ihrer Nähe!
Mach' den Prisentest!
Eine Prise Kardamom – Die ganze Welt der aktiven Frische!
Jetzt auch als
eine Prise Kardamom *light* und als
eine Prise Kardamom *alkoholfrei* in der großen Familiennachfüllpackung mit vielen lustigen, grünen Punkten drauf, die sich in der Tonne ganz klein machen.

Zurisikenundnebenwirkungenlesensiebittediepackungsbeilageundfragensieihrenarztoderapotheker.

20

Am Donnerstag erzielte Robert endlich seinen Durchbruch. Aus dem Grabbeltisch des Antiquariats in der Fußgängerzone („Drei Bücher nur 20 Mark!") holte er

1) ein Jahrbuch von 1975,
2) einen Reiseführer durch den Schwarzwald und
3) ein altes Schulkochbuch

ans Tageslicht. 1) und 2) interessieren hier nicht so sehr, aber das letztgenannte war dann endlich die Anleitung, derer er schon so lange bedurfte.

Bedauernswerterweise wurden bei einem Schauer, während dessen ein Achtel der im Jahresmittel herabregnenden Wassermenge auf die Stadt niederging, die Bücher sehr naß und, nachdem sie wieder trocken waren, auch sehr wellig und er, weil er nur sehr leicht bekleidet gewesen war, sehr naß und, weil er nicht schnell genug wieder trocken wurde, sehr erkältet.

In den auf diesen feuchten Fund folgenden acht Tagen mutierte er vom Omnivore über ein nicht ganz freiwilliges Intermezzo als Kamillenteekiller zum spezialisierten Kartoffelpufferesser.

Zum spezialisierten Nichts-anderes-als-Kartoffelpuffer-Esser.

Denn nachdem Robert die Rezeptur für das Leibgericht aus seinen Kindheitstagen erst einmal ausfindig gemacht hatte, wandte er sie so oft an, daß er sie bald auswendig kannte – das war sehr hilfreich, da die welligen Kochbuchseiten sich immer wieder von selbst zublätterten.

Er benetzte also täglich aus dem Gedächtnis mit

Öl die Pfanne und briet Puffer aus je einem Eßlöffel des Teigs, dessen Zusammensetzung ihm immer schneller von der Hand ging:

Er rieb

ein Pfund geschälter Kartoffeln und
eine halbe Zwiebel und rührte darunter
einen halben Teelöffel Salz,
15 g Mehl und
ein Ei. Wenn die Dinger auf beiden Seiten schön goldbraun und knusprig waren, fütterte er mit zwei bis drei Puffern Heinrich und nahm sich den Rest.

Weil Heinz das im Laufe der Zeit jedoch zu eintönig wurde, blieb für Herrchen immer mehr übrig. So konnte er seit Mariä Abfahrt erstmals wieder zunehmen. Nach fünf Tagen Reibekuchen meuterte die Hündin allerdings endgültig und trat in den Hungerstreik für eine artgerechte Ernährung. Roberts vornehmste Aufgabe an den darauffolgenden Feierabenden bestand daher darin, das Fräulein vom Sängerhof mit Wachtelbrüstchen von Jean, Petit Fours und viel Tierliebe standesgemäß wieder gnädig zu stimmen. Das gelang ihm auch. Nicht zuletzt deshalb, weil er sich mit Heinz unterhielt (wie das andere Singles mit ihren immergrünen Zimmerpflanzen tun) und ihr abends auch Schlaflieder vorsang.

In diesen Tagen gewöhnte er sich an, Lieder, die auf eine „Maria", „Marianne", „Marie Antoinette" o.ä. gesungen wurden, an diesen Textstellen zu Ehren seiner Scheherazade zu überschreien. Erst, da die dichterische Freiheit bei „Lying in the arms of Henry" auf die anatomischen Grenzen zu kurzer Hundepfoten stieß, setzte er auch auf phonetische Ähnlichkeit („Rote Rosen, Rosmarin") oder auf die mannigfaltigen Möglichkeiten anderer Mädchennamen („Erdmute Claire").

Rosmarin:
Während die heilige Familie nach Ägypten flüchtete, soll Maria trotz ihrer Doppelbelastung durch Gottesmutterschaft und Jungfräulichkeit noch Zeit gefunden haben, den ursprünglich weiß blühenden Rosmarinstrauch mit ihrem Mantel blau umzufärben. Seither wird dieser Strauch als Schmuck für Jungfern und Bräute zu Kränzen geflochten. Wenn diese die Kränze aber verzehren, sind sie nicht mehr lange Jungfern, denn bei Genuß im Übermaß wirkt Rosmarin drogenartig enthemmend. Nach der Enthemmung ist den Ex-Jungfrauen dieser übermäßige Genuß von Rosmarin nicht mehr zu empfehlen, denn er ist überdies teratogen!

Reibekuchen

Hühnersuppe

21

Und so bot der Abend des dreißigsten Tages nach der „Stunde 0, Tag X" (seit dem sich in der Wohnung null menschliche X-Gonosomen-Pärchen befanden) ein liebliches Bild der Idylle, so wie Robert sinnierend seit Stunden an seiner Küchenzeile stand, Heinrichs ganze Liebe an seiner Wade und die Zubereitung des vor ihm liegenden, gekühlten Geflügels noch vor sich, leise von „times of Trabbel", „mother Uschi" und „words of wisdom" singend.
Diese Worte der Weisheit hörte er jetzt überdeutlich. Niemand hatte ihn nämlich vor den etwaigen Problemen gewarnt, die ihm dies doofe Huhn bereiten könnte, als er im Supermarkt tollkühn in die Tiefkühltruhe gegriffen hatte. Er hatte nur das weiße Fleisch des auf dem Rücken liegenden, sich ihm anbietenden Körpers gesehen, und da hatte er zugreifen müssen.
Das war ihm schon länger aufgefallen – vielleicht hing das mit seiner Gewichtszunahme zusammen, oder aber Reibekuchen machen geil – Heinrichs Anstrengungen an seinen Beinen störten ihn nur noch beim Gehen, und es gab auch wieder Frauen in der Stadt! Es könnte auch die Folge der wochenlangen, einsamen Beschäftigung mit Akten voller Paragraphen und Gesetze sein, die diesen Hormonanstieg bewirkten (denn – auch auf dieser Seite haben wir einen Kalauer versteckt – Jura is Pork: Rechtswissenschaft ist Schweinkram!)
Wie auch immer, Robert stand jetzt an der Spüle, Heinrich bezog am anderen Hosenbein Stellung, das zarte Hühnchen taute langsam auf, und das zu Hilfe geholte Schulkochbuch gab Rat auf Seite 21, Hühnersuppe:
Demnach wusch und trocknete Robert das Tier, viertelte es und gab
2 Viertel des Hühnchens mit dem Herz, dem aufgeschnittenen, gesäuberten Magen und dem Hals in einen Topf mit
einem Liter Wasser, so daß das Geflügel vollständig bedeckt war.
Er schüttelte Heinz vom Bein und stellte den restlichen halben Hahn wieder im Eisfach kalt. (Das ist bei Tiefkühlgeflügel artgerechte Haltung!) Dann rührte er
einen Teelöffel Salz in das Wasser und gab
eine kleine, in Stücke geschnittene Stange Lauch und
eine in kleine Stücke geschnittene Karotte dazu. Das alles ließ er kurz auf- und dann auf kleiner Hitze etwa 2 Stunden weiterkochen.
Während dieser Zeit bereitete Robert den Eierstich für seine Hühnerbrühe vor. Seine Lieblingstasse (die mit dem Guten-Morgen-Hahn drauf) fettete er mit
Butter, schlug
2 Eier hinein und verquirlte die Eier mit
Muskat, **Pfeffer** und **Salz**. (Heinrich ging derweil ein weiteres Mal bei Fuß.)
Die Tasse erhitzte Robert im Wasserbad, bis das Ei stockte und er den Eierstich in Würfelchen schneiden konnte. 10 Minuten, bevor die Kochzeit endete, tat er auch noch die Leber in die Suppe. (Als er das Zweiviertelhuhn und dessen Gekröse aus dem Wasser nahm, probte zu seinen Füßen Heinrich die Vierte!)
Robert pflückte ein Viertel des Vogels wieder ins Wasser, warf die Innereien hinterher, tat sich ein Tellerchen davon in seine Innereien, lockte aber zuvor Scheherazade mit der Geflügelleber von seinem Bein, um ungestört sein mit
gehackter Petersilie bestreutes Süppchen zu schlürfen und mit
Weißbrot einzubrocken. (Hat ja keiner gesehen.)
Das übriggebliebene Viertel legte er zunächst einmal ins Gefrierfach, das würde erst später den Weg allen Fleisches gehen müssen. Genauso wie die noch rohe, eingefrorene Hälfte, die er beim Durchblättern des Kochbuchs schon vor sich sah. Und zwar als…

Beifuß ist nur ein Name für dieses Kraut: Der Wanderer, der sich „Beifuß" ans Bein bindet, wird beim Gassigehen nicht müde. Der fette Gänsebraten, der mit „Gänsekraut" gewürzt wird, läßt sich leichter verdauen. Die Mistfliegen, die sich auf einem aufgehängten Zweiglein „Fliegenkrauts" niederlassen, lassen sich leichter totschlagen. Die Germanen, die sich zum Sonnenwendfest mit „Sonnenwendkraut" schmückten, sahen wie Pfingstochsen aus. Aus „Beinweichkraut" hingegen macht man Fußbäder.

…Coq au Vin, denn am darauffolgenden Tag würde er seine Pfanne nehmen,
eine gewürfelte Zwiebel und
15 g durchwachsenen Speck in
Butter 5 Minuten darin rösten, danach
den rohen Viertelhahn etwas mit
Pfeffer und **Salz** einreiben, in drei Teile tranchieren und 12 Minuten anbraten, um dann
eine in Salz zerdrückte Knoblauchzehe,
ein Lorbeerblatt, je
eine Prise Thymian,
Rosmarin,
Salbei und
Majoran dazuzugeben. Das alles müßte in
einem Achtelliter roten Burgunder und
einer kleinen Tasse gesiebter Hühnerbrühe aufkochen und auf kleiner Wärmestufe in etwas mehr als einer halben Stunde gar schmoren.

Und genau so tat er es am Samstag.
10 Minuten, bevor dann die Garzeit endete, gab er
eine halbe Dose Champignons (ca. 80 g) in die Pfanne.
Nachdem alles gar war, verbrannte Robert sich die Finger, als er die Geflügelstücke in Ermangelung geeigneteren, gespülten Geschirrs in einen Suppenteller legte. Er rührte
einen Teelöffel Mehl mit
kaltem Wasser an und mischte dies zum Binden der Rotweinsauce in den Schmorsaft, was ihm leider nicht ohne Klumpenbildung gelang. Er schmeckte die Sauce mit
Pfeffer und **Salz** ab und goß sie mit den Pilzen über den toten Vogel in den tiefen Teller, garnierte ihn mit einem Zweiglein
Petersilie und reichte sich dazu ein wenig
Weißbrot.
Mahlzeit.

22 Coq au Vin

Majoran wird bei der Wurstzubereitung verwendet. Für sehr fette Speisen ist die Verwendung dringend zu empfehlen. Eine Weihnachtsgans z.B. versteinert nicht im Magen, wenn man sie reichlich mit Majoran würzt. Magenerkrankungen lindert Tee aus diesem Kraut. Siehe auch: Oregano (33).

Während er nach vollbrachter Speisung zurückgelehnt und sanft vor sich hin verdauend seine nunmehr wohlgerundete Leibesmitte betastete, kam er ins Rechnen.
Er erschrak, rechnete erneut und war wieder entsetzt. Er konnte es addieren und multiplizieren, wie er es wollte, er hatte gerade zwischen 750 und 800 kcal vom Teller in sich hinein getan. Das könnte er nicht einmal mehr mit einem besonders großen Verdauungsspaziergang zusammen mit Heinz gutmachen. Nein, er würde etwas mehr für seinen Körper tun müssen! An Jogging dachte er dabei nicht, weil sich Scheherazade beim Waldlauf gerne tragen ließ, und außerdem sollte diese körperliche Ertüchtigung seinen ganzen Körper und nicht nur die Waden stählen. Gerade so, daß die Früchte seiner Leibeszucht auch für die Damenwelt sichtbar sein würden. Diese Leibeszuchtfrucht müßte die Ernte eines regelrechten, gymnastischen Bodybuildings sein!
„Gnadenlos werde ich meine Muskeln zu Chrom-Vanadium-Stahl wandeln! Besonders hier!" Er schlug sich mit der Faust auf den Bauch, worauf er ein Bäuerchen machen mußte.
„Kein Zentimeter dieses Körpers wird untrainiert bleiben. Kein einziger *Milli*meter! Und kraftvoll werde ich meine Muskeln aufpumpen. Mit einer Proteindiät. (Ohne Blumenkohl.) Damit werde ich meinen Muskelaufbau fördern, so wie Arnold. Und dazu knallharte Übungen! Ich werde mich quälen, bis ich Ei, Blut, Kakao schwitze!
...
Ab morgen."

Nun soll man ja am siebenten Tage der Woche ruhen. Aber Robert war nicht ein „man" wie Du und ich. Robert war er. Ach, was sag' ich, Robert war he. He-*man*.

Ein humanoides Tier!

The incredible Cyberlawyer!

Der gnadenlose Testosterotor!

Wobei die Betonung in diesem Wort auf den letzten beiden Silben liegt. Er quirlte nämlich schon seit 09:13 h so durch die Wohnung, daß Heinz mal wieder kein Auge zubehalten konnte. Herrchen war auch zu seltsam in seinem Gebaren. Er hatte ein Schweißband um die Stirn, zwei weitere um die Handgelenke, ein graues Sweatshirt und seine dunkelblaue Jogginghose an, denn seine Mutation zum Mann-Muskel sollte natürlich im richtigen textilen Rahmen stattfinden. Nur das Schuhwerk, in dem er das Wohnungs-Walking zum Aufbau seiner Waden beging, fiel etwas aus diesem Rahmen. Mit Rücksicht auf Kowalewskis hatte er statt seiner phonstarken Basketballstiefel seine leisetretenden Filzpantoffeln angezogen.

Zudem entschwand Robert alle fünf Minuten auf dem Örtchen, was sich bei einem Rechtsreferendar im vorletzten Ausbildungsabschnitt nicht mehr mit einem Sextanerbläschen erklären läßt. Auch, wenn der Bewegungsablauf beim Walking solch eine Ursache vermuten läßt.

Als Robert zum vierten Mal die Naßzelle ansteuerte, hoppelte Heinrich hinterher, um mitanzusehen, wie Herrchen seinen steten Gewichtsverlust mittels der Badezimmerwaage kontrollierte. Offensichtlich war der Schwerathlet mit dem Ergebnis dieser vierten Messung zufrieden, denn er verließ pfeifend das Bad, um sich endlich seiner „Sportlerdiät" zu widmen. („Ich hab' schon richtig Hunger!")

Er rieb die Pfanne mit

Öl ein („Das taten die Gladiatoren im alten Rom auch, damit ihre Gegner auf ihnen ausrutschten!") und ließ sie auf dem Herd heiß werden. Währenddessen schlug er

2 Eier in einen tiefen Teller („Pure Proteine!"), gab

pro Ei einen Eßlöffel Milch („Eiweiß, reines Eiweiß!"),

Pfeffer und **Salz** dazu („Mineralienrückführung!") und schlug diese Flüssigkeiten mit der Gabel homogen. Er sah im Kühlschrank nach, ob er vielleicht noch etwas Eiweißes finden würde, das seine diätetischen Bemühungen abrunden könnte („So reicht mir das noch nicht.") und entdeckte noch eine Dose Krabben, die ihm durchaus geeignet schien.

(„Ganze Walarten bauen aus dem Zeug Körpermasse auf!")

Rührei

23

Sellerie selbst soll sehr sexistisch sein. Selleriesalz schmeckt zu Salaten, Soßen, Suppen.

Also gab er die Eier und
einen Eßlöffel Krabben in die Pfanne, schaltete den Herd aus und schabte mit der Gabel das stockende Ei immer wieder nach oben, bis alles verrührt war. Robert aß es und machte zur besseren Verdauung ein halbes Dutzend Kniebeugen. Die erschöpften ihn so sehr, daß er direkt danach ein Nickerchen machen mußte.
Als er wieder erwacht war, führte er das Training fort.
Das gnadenlose.
Er nahm sich seinen Schönfelder und pumpte sich damit die Kraft des Gesetzes in den Bizeps. Für ganze vier Minuten.
In der fünften ging Robert wieder ins Bad, um im Spiegel zu prüfen, ob er schon die gleiche erotische Ausstrahlung hatte wie Redford oder de Niro.
Diesen Prozeß wiederholte der Rechtsreferendar im Verlaufe des Tages, beginnend mit dem Rührei über das Nickerchen bis zum Gesetzbuchtraining. Nur würzte er da sein Ei mit Selleriesalz („Morgen frag' ich die Big-Boobies-Blondine an der Tanke, ob sie nicht mal mit mir ins Kino gehen will. Oder besser 'ne Pizza essen gehen – es heißt schließlich: Libido geht durch den Magen, hähä!")
Bei der zweiten Wiederholung nach dem Sonntagsspaziergang mit Hund sparte er sich den anstrengenden Teil und hatte, das dritte Rührei essend („Was tut man nicht alles für seinen Körper?!?"), mit Heinrich seit langem mal wieder so ein richtiges Männergespräch.
Robert: „Morgen frag' ich sie, ob sie mitgeht, Pizza essen."
Heinz: „..."
Robert: „Die hat ja ganz schön was in der Bluse."
Heinz: „..."
Robert: „Bei der hätt' ich echt gerne mal Röntgenaugen!"
Heinz: „..."
Robert: „Die heißt bestimmt Brigitte..."
Heinz: „...?"
Robert: „Das reimt sich auf ihre tollen Eigenschaften, hähä."
Heinz: „..."
Robert: „Morgen frag' ich sie, ob sie mitgeht, Pizza essen."
Heinz: „..."
Robert: „Morgen."

Wurst-Salat

Knoblauch ist ein Gewürz, das gegen alles wirkt. Der Genuß dieses Liliengewächses ist gut gegen Aterienverkalkung, gegen Darminfektionen, gegen Bluthochdruck und gegen Vampire. Der übermäßige Genuß ist gut gegen zwischenmenschliche Beziehungen und ein Verstoß gegen § 325 StGB.

Am Abend dieses beschworenen „morgen" lief Robert direkt vom Gericht ins Bad, wusch sich, putzte sich die Zähne, zog sich frische Socken an, kämmte sich und bildete sich beim Prüfen seines Atems ein, daß der Knoblauch vom Burgunderhähnchen immer noch zu wittern sei. Er schnappte sich ein wenig Petersilie und zerkaute sie; das macht den Atem frisch und ebnet den Weg zur „Pizza Amore für zwei Personen". Ein letzter Kontrollblick in den Spiegel, und er war wieder draußen.

Eine halbe Stunde später.
Die Wohnungstür ging auf und mit deutlich schlechterer Laune war er wieder drin. Heinrich fragte erst gar nicht, was passiert war, das konnte man auch so sehen.
„Ihr Freund wäre bestimmt dagegen, meint sie."
Robert warf seine Jacke über die Sessellehne.
„Der fährt bestimmt so einen dunkelblauen Golf mit Fanatic-Aufkleber hintendrauf."
Er schleuderte seinen linken Schuh vom Fuß quer durch die Wohnung.
„Sie hat er vom GTI-Zubehör-Versand. Die paßt so gut zum Polsterbezug vom Beifahrersitz."
Und den rechten hinterher.
„Jetzt muß ich erst was essen!"
Das Kochbuch wurde, obwohl es an den Vorgängen in der Tankstelle total unbeteiligt gewesen war, recht unsanft bei den Salaten aufgeschlagen.
„Die sieht zwar aus, als könnte sie Miss Nasses T-Shirt sein..."
Eine ebenfalls unschuldige Knoblauchzehe wurde mit dem Messer in zwei Teile zerhackt.
„Aber dafür riecht sie auch wie Miss Nasses Sweat-Shirt, die blöde Kuh, die blöde!"
Aus dem Geschirrschrank griff er sich die Salatschüssel und rieb sie kräftig mit dem halbierten
Knoblauch aus.
„Jetzt nehme ich keine Rücksicht mehr!"
Er holte aus dem Kühlschrank den
einen kleinen Kopf Salat, den er unter anderem in der Mittagspause bei Gemüse-Lieven geholt hatte, zerpflückte ihn, ...
„Auf irgendwelche Weiber."
...wusch ihn und legte mit einigen Blättern die Schüssel aus.
„Irgendwelche Scheißweiber!"
Er hobelte zornig
eine halbe Salatgurke hinterher...
„Ihr Freund wäre dagegen, ihr Freund wäre dagegen."
...und schnitt daraufhin
eine halbe Stange Porree (geputzt und gewaschen) in Ringen in die Salatschüssel.
„Wogegen eigentlich? Was hat die sich denn eingebildet, was ich mit ihr vorhabe?" Es folgten noch
die Würfel einer halben Paprika, ...
„Findet sich die Schnepfe etwa so scharf?"
...**100 g in Streifen geschnittener Fleischwurst**...

24

„Wenn die wüßte, wie egal die mir ist!"
...und die
Stückchen eines kleinen, **geschälten**, **entkernten Boskops**.
„Aber geile Äpfelchen hat die schon."
Mit sehnsüchtigem Blick rührte Robert in einem Schälchen nach Anleitung aus Olivenöl, Zitronensaft und ein paar Gewürzen eine Salatsauce zusammen...
„Trotzdem irrt die sich gewaltig, wenn die tatsächlich glaubt, daß ich...Nein, das kann sie nicht allen Ernstes glauben."
...stellte dann aber fest, daß die zu einem anderen Salat gehörte, weil das Kochbuch, wie immer, wenn er gerade nicht hinsah, selbständig weitergeblättert hatte. Er tat das Schälchen unter Fluchen in den Kühlschrank und rührte im zweiten Versuch in einer Tasse
einen Eßlöffel Salatöl,
einen Eßlöffel Essig,
einen Eßlöffel Wasser,
geriebenen Meerrettich,
fein gehackten Schnittlauch,
Pfeffer und **Salz** zu einer Salatsauce zusammen, die er über die Zutaten in der Schüssel goß.
Er probierte von dem Gesamtwerk und war angenehm überrascht, welche Gaumenfreude er sich bereitet hatte.
„Wer braucht schon die Frauen?!"Mit Begleitmusik von Mr Hit saß er an Wassily gelehnt und prostete Heinz zu:
„Mir reichen ein paar treue Freunde.
Und ein Beruf, der mir Spaß macht."
Robert lauschte so zufrieden der Musik und seinem eigenen Schmatzen, daß er Heinrichs Kratzen an der Tür überhörte.
„Ja. Ein toller Job ist wichtig!" Noch bevor das vierte Lied auf der dritten Platte zu Ende war, wurden ihm beide Augen schwer.
„Ab jetzt lebe ich nur noch für meine Arbeit!" Sprach's und schlief ein.

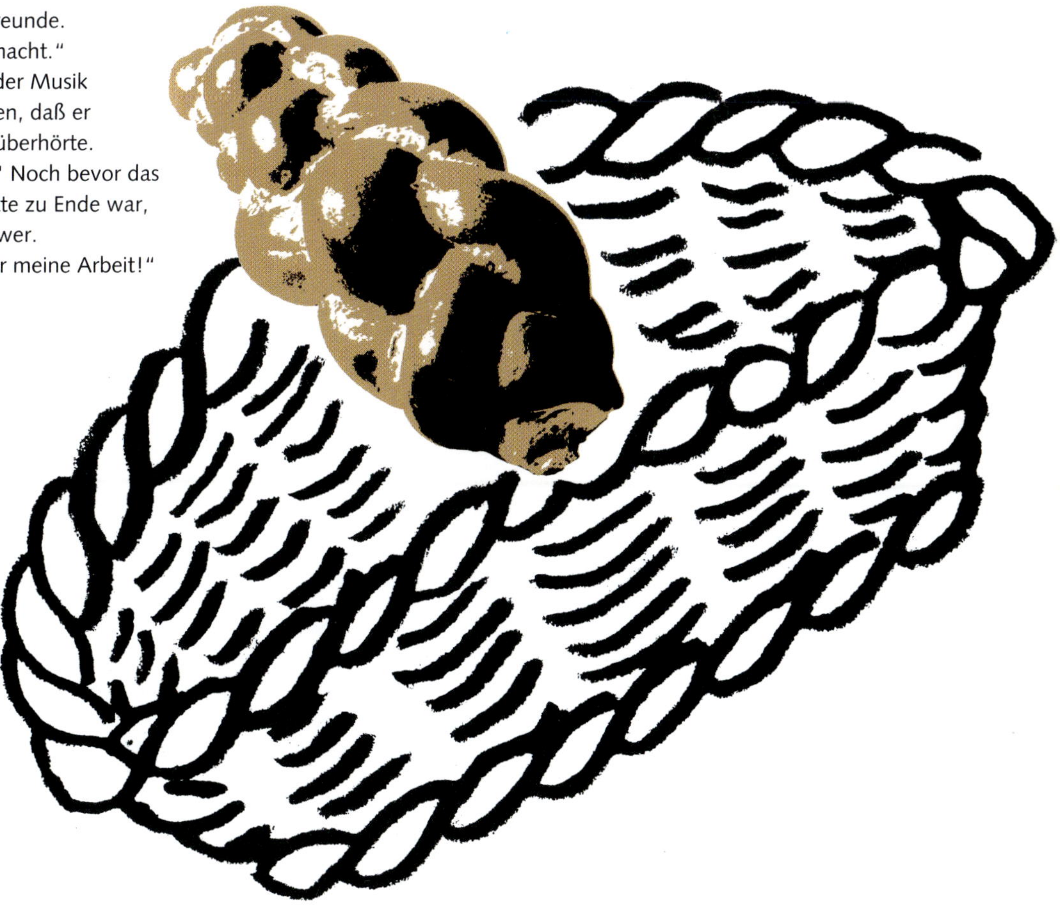

chop suey

Das mit der Arbeit mußte Roberts ausbildender Staatsanwalt gehört haben. Weil der ihn kurz vor Feierabend des nächsten Tages „gebeten" hatte, doch bitte noch „schnell mal" die Akte Az 014.738805.5 zu beurteilen, kam Robert nämlich erst um kurz nach sieben nach Hause: „Prüfen, ob das für eine Anklageerhebung ausreicht, Sie schaffen das schon, und außerdem ist das eine hervorragende Vorbereitung auf Ihr Zweites Examen, und ich muß zum Tennis mit Richterin Euer-Ähren, bis morgen." („Schnell mal" hieß schon trotz Einführung der 40-Stunden-Woche am 1.1.'67 bis kurz nach Ladenschluß! Und „schnell mal" verflog ihm dabei die Lust auf seinen „tollen Job".)
Um zehn nach halb sieben hatte er die Anklageerhebungsprüfung immer noch nicht geschafft, und so hatte er sich das Aktenbündel unter den Arm geklemmt, um es zu Hause durchzuarbeiten.
Dann war aber noch die eine Straßenbahn vier Minuten zu früh, die nächste dafür mit vier Minuten Verspätung gefahren. Man hätte fast den Eindruck gewinnen können, daß dieser Dienstag in Wirklichkeit ein getarnter Donnerstag sei. Einer von diesen ganz gewöhnlichen.
Er war rechtschaffen müde und hungrig.
Sein Appetit verging ihm allerdings, als er in der Tür gegen eine Wand herbesten Geruchs lief, die zu beschreiben sich für ein Kochbuch nicht ziemt. Es sei nur soviel verraten, daß sämtliche Stubenfliegen verendet am Boden lagen. Und auch die Akte konnte sich nicht mehr halten und verteilte sich zu seinen Füßen. Urheber dieses Gestanks war, so erkannte Robert, als seine Augen zu tränen aufgehört hatten und er wieder klar sehen konnte, ein Häufchen auf seinen Schallplatten, neben dem Heinz um Anerkennung wedelte.
Atemringend riß er die Fenster auf, um mit ein paar wohlriechenden Abgasen von der Straße zu lüften und kniete neben seinen geschändeten Tonträgern nieder. Ausgerechnet auf seine Creedence-Clearwater-Revival-Lang-Spiel-Platte! Das würde diese Töle bereuen! Jetzt käme sie in die Bratenröhre: „Aus dir mach' ich Ketchup, Heinz!"
Demonstrativ nahm Robert den Wok aus dem Topfschrank, den er Marie zum Geburtstag geschenkt und zu seinem wieder zurückbekommen hatte und hielt ihn Scheherazade mit Tante Irenes liebster Küchenregel vor die Nase: „Der Magen sagt dir nicht nur, daß du Hunger hast, sondern auch worauf! – Und mein Magen brummt heute wie eine tibetanische Gebettrommel! Heute gibt's Ostasiatisch!"
Heinrich wedelte immer noch.
Hunde sind ja soo doof.
Er stellte den Wok, weil keine Gebrauchsanweisung drauf war, wieder in den Schrank und mit einem kalten Lächeln eine Pfanne auf den Herd und ließ **4 Eßlöffel Öl** darin heiß werden, als plötzlich jemand im Treppenhaus Unflätiges in bezug auf den Geruch brüllte, der mittlerweile das ganze Haus verseuchte.
Robert sprang ins Bad, holte die Einliterfamilienflasche Tannennadelduft und versprühte sie ins Treppenhaus. Dann schlug er die Tür zu und dekontaminierte die Wohnung mit Deospray und einer Plastiktüte von Hertie (voller Name: Herrman Tietz), in der er die CS-Gas ausströmende CCR-Platte möglichst luftdicht entsorgen wollte, sah aber im letzten Augenblick, daß der Hundegruß mitten auf „Proud Margarita" zur Ruhe gekommen war.
Heinrich wedelte immer noch.

25

„Ja, so ein gutes Mädchen, genau auf die stolze Marie." Er hatte es schon immer gewußt, nur Hunde verstehen Männer wirklich.
So einen braven Kameraden konnte er unmöglich einkochen. Was aber statt dessen? Er gab die Plastiktüte mit dem grünen Punkt drauf in die Altstoffsammlung (Kunstoff ist Rohstoff!), guckte forschend in den Kühlschrank, und dann warf er
80 g von dem garen Fleisch aus dem eingefrorenen Teletopf und
80 g des garen Hühnerfleischs aus Kapitel 21, bereits auf Bissengröße zerkleinert, die restlichen
80 g Champignons aus der Dose (oder Morcheln), die
eine halbe, geschnittene Porreestange, die vom Vorabend noch übrig war,
50 g Glasnudeln (5 min gekocht) ins heiße Öl und seiner Heinz einen liebevollen Blick zu.
Die wedelte immer noch.
Während er mit links
eine halbe Tasse Wasser in die gemischten Reste in der Pfanne rührte, vermengte er in einer Tasse mit der Rechten
einen Teelöffel Speisestärke,
2 Eßlöffel Sojasauce,
Salz,
eine Messerspitze Ingwer und
eine Messerspitze Zucker mit
einem Eßlöffel Sherry, gab die Sauce zu den Zutaten in der Pfanne und ließ alles 3 Minuten lang unter ständigem Rühren schmoren.
Nicht, ohne hin und wieder der geliebten Heinz ein Küßchen zuzuwerfen.
Die wedelte.
Er gab alles in ein tiefes Schälchen und suchte eine Viertelstunde nach als Chop Sticks geeigneten Stäben. Er fand sogar etwas. Aber sein „Schaschlikspieß" war zu dünn und sein Druckbleistift war zu teuer gewesen, und so griff er endlich zu einer Gabel.
Mit der wußte er wenigstens auch umzugehen. (Zumindest, ohne sich schwerere Verletzungen zuzufügen.)
Er wollte gerade reinhauen, als ihm auffiel, daß er gar keine Beilage hatte. Trotz einer weiteren Viertelstunde Suchens fand er nicht ein einziges
Reiskorn. Da nahm er wieder die Gabel und aß einen Bissen von seinem Chop Suey, das mittlerweile kalt war.
Also ließ er es zu der Schallplatte in den Abfalleimer gleiten.

Ingwer ist ein typisch asiatisches Gewürz. In Ermangelung von Hopfen haben englische Ostindientruppen ein bierartiges Erfrischungsgetränk damit gewürzt, das sogenannte Ingwerbier (brit: Ginger Ale). In Hollywood nannte man – um auch diesen Kalauer noch mitzunehmen – eine blonde Schauspielerin danach: Ginger Rogers (dt: Ingeborg Fischei)

Vanille ist von allen wilden Orchideen Mexikos die unartigste Art. Durch die „Memoiren der Vanni Hille" auf literarischem Wege zu Ruhm gelangt, begann die zotige Schote ihren Siegeslauf durch Europa. Seither sieht man ihre süßen Bällchen in italienischen Eisdielen und ihre leckeren Kipferln in Wiener Konditoreien. Damit ist hoffentlich geklärt, warum Vanilleeis als Speise für Jugendliche unter 18 Jahren nicht geeignet ist.

Ein wenig müde stand er danach an der Spüle, beobachtete den schwanzwedelnden Hund an seiner heinzwedelnden Wade und überlegte, wie er diesem lieben, liebenden Tier eine Freude machen könnte.
Was gibt man seinem Hund, wenn man ihm eine Freude machen will?
Worüber freut sich der moderne Hund? Fragend sah er Heinrich an.
Heinz wedelte.
Worüber freuen sich Hunde? Kuchen? – Kuchen!
Klar: Hunde – Kuchen.
Deswegen heißen die Dinger ja so.
Robert nahm sein Kochbuch und suchte nach der passenden Belohnung für seinen Hund. Er fand sie im Sachregister unter „K“ wie: „Kindergeburtstag, Gebäck für den, Katzenzungen“ und er tat, wie ihm dort geheißen:

Katzenzunge

Er heizte den Ofen auf 200° C vor, er fettete das Backblech mit Butter, er schlitzte
eine halbe Vanilleschote auf und kratzte das Mark mit der Messerspitze heraus, er rührte
100 g Butter,
80 g Puderzucker, das Vanillemark und
eine Prise Salz schaumig. Er zog
ein Ei und
100 g gesiebten Mehls unter.
Dann wurde es ihm zu öde, nur das zu machen, was im Kochbuch stand, und er füllte den Teig nicht in einen Spritzbeutel (er hatte gar keinen), um viele daumenlange Katzenzungen zu formen, er legte statt dessen zwei große von Hand getöpferte Elefantenrüssel aufs Blech, die er auf mittlerer Schiene ein Viertelstündchen, bis sie goldgelb waren, backen ließ.
Danach wurde er übermütig: Er hätte
80 g im Wasserbad **geschmolzenes Nougat** auf die Unterseiten seiner Riesenkaterzungen streichen sollen, aber in Ermangelung dessen und weil er ja kreativ war, irgendwie, schmierte er Schokoladenbrotaufstrich drauf und klebte beide zu einer Gigakingkongzunge zusammen.
„Da wirst du dann was dran zu knabbern haben! Nicht, Heinrich?“ Heinrich schien einen Krampf zu haben, denn Heinrich wedelte immer noch.
Ob Hunde wohl Muskelkater in der Rute bekommen könnten? Oder sagt man bei Hunden „Muskelrüde“? Robert prüfte den Reißverschluß an seiner Hose, aber der war zu. Was amüsierte den Hund bloß so sehr?
Er schnitt an und verfütterte: „Das ist deins, Heinz“, blätterte wieder und wurde lyrisch: „Jetzt werd' ich auch mir einen Kuchen suchen!“ – Was für ein Genius opferte sich doch mit ihm für die Rechtswissenschaften! Ja, er hätte etwas anderes machen sollen, nicht Jura. Irgendwas, das seinen wahren Fähigkeiten entsprach.

Rührkuchen

Anis
ist ein süßer Kümmel, den man in Frankreich als Pernod, in der Türkei als Raki und in Griechenland als Ouzo kennt. Bei uns als Hustenbonbon.

Und um seine kreative Überkapazität etwas abzubauen, ging er wieder ans Backwerk und suchte noch einmal in seinem Kochbuch blätternd. Nach kurzem Überschlag der vorhandenen Zutaten entschied er sich dann zugunsten eines einfachen Rührkuchens für vier Personen. Denn sollte seine Persönlichkeit trotz des Genies, das in ihm schlummerte, noch nicht gespalten genug sein, um die anderen drei beim Kaffeekränzchen ersetzen zu können, dieses Gebäck würde sich auch ohne Probleme bis übermorgen aufbewahren lassen. Versprach zumindest das Buch.
Wohlan.
Er rührte
100 g Butter sahnig und gab
150 g Zucker,
3 Eigelb,
250 g gesiebten Mehls,
250 ml Vollmilch,
eine abgeriebene Zitronenschale,
eine Prise Anis und
ein Päckchen Backpulver dazu. Dann schlug er die
3 Eiweiß zu einem festen Eischnee, den er in den Teig einrührte.
Das sah schon ziemlich lecker aus!
Robert schaute sich um, ob jemand da war, der ihm auf die Finger hätte hauen können. Leise nahm er einen Löffel und tat, was ihm seine Mutter immer verboten hatte, als er noch klein gewesen war. Und Marie, als er schon größer geworden war. Aber jetzt konnte ihn vom Naschen nichts mehr abhalten.
Drei Löffel später füllte er den so verringerten Teig in eine gefettete Backform und schob diese auf mittlerer Schiene in den Ofen, der noch 125° C Restwärme von den Katzenzungen hatte. Er sah ins Kochbuch, um zu bestätigen, daß sein Kuchen 45 Minuten backen müßte, als das Backpulver zu wirken begann: Während sich der Teig im Ofen langsam hob, konnte man auch Roberts Augen immer größer werden sehen. Er betastete mit beiden Händen seinen Bauch, in dem sich sein Gekröse wand wie eine Boa constrictor. Es zwickte und zwackte ihn in eine exorbitante Panik, daß sich in seinem Leib Aliens from outer Space eingenistet haben könnten. In einem lichten Moment wurde ihm dann aber wieder die Wirkungsweise von Natron bewußt, und er bekam Hoffnung, kein Parasitenopfer zu sein.
Sogar gute Hoffnung!
So wie sich seine Bauchdecke aufgebläht hatte, sah Robert aus wie im sechsten Monat. Naschen macht dick! Vor seinem Auge kreisten schon die spannengroßen Lettern der Regenbogenpresse: „Sensation! Mann ißt Teig: Schwanger! Wird es ein Junge?“
Die Antwort kam sozusagen aus dem Bauch heraus.
Und einmal mehr ging Robert, um zu lüften, ans Fenster und an die Tür.

28 BOH-NEN-SUP-PE

Dort stand überraschenderweise Frau Kowalewski.
„Och, das ist aber nett, daß sie mir die Tür aufmachen." In der Tat hatte Frau Kowalewski beide Hände voll zu tun mit einem strampelnden, glatzköpfigen Etwas, so daß sie nur unter Zuhilfenahme desselben hätte anklopfen können.
„'n Abend Frau Kowalew.."
„Sie stehen da auf 'nem Haufen Zettel. Brauchen Sie die nicht mehr?"
Oh, Mist! Robert ging auf die Knie und sammelte die Blätter wieder in den Pappdeckel Az 014.738805.5. Von hier unten gesehen hatte die Kowalewski sogar was Komisches.
„Also, ich wollt' Sie mal was fragen..."
„Ich hab' keine Gewürzgurken im Haus!" schoß es aus Robert heraus, der die Wohnungstür schon wieder zuschieben wollte, aber da stand die Kowalewski wie der Fels in der Brandung ihres eigenen Redeschwalls: „Und zwar: Sie wissen doch, daß ich und mein Eduard zu meiner Hannelore und ihrem Jürgen ziehen..." Es folgte eine sehr ausführliche Schilderung des bekannten Sachverhalts. „...und da hat uns die Eva, das ist die Schwester vom Jürgen, die zieht hier ein, gebeten, daß wir ihr heute abend, wenn wir unsere Möbel 'raushaben, bei ihrem Einzug helfen, und da haben wir natürlich nicht nein gesagt. Und da ist mein Eduard vorgestern zu seinem Chef gegangen und hat gesagt, daß er einen Tag Urlaub braucht, obwohl so viel zu tun ist, und den hat er dann auch gekriegt. Der Chef von meinem Eduard ist nicht gar nicht so schlecht, wie die anderen immer sagen. Der ist ja jetzt in zweiter Ehe mit so einer Jugoslawin verheiratet... Was wollt' ich sagen? Ja, und ich hab' dann heute gekocht für alle. Die Bohnensuppe, die mein Eduard so gern ißt. Da is ja auch ordentlich was drin!!
Ein halbes Pfund Krakauer (geräucherte Mettwurst) und
ein halbes Pfund geräuchertes Schweinerippchen! Und
ein Pfund Kartoffeln! Also, wenn Sie's interessiert, erzähl' ich's Ihnen gerne!?!" Robert setzte sich auf den Boden, denn das würde länger dauern.
„Sie müssen
ein Pfund weiße Bohnen in einem Topf mit
2 Litern Wasser bedecken und einen Tag lang quellen lassen. Dann kochen Sie die Krakauer, das Schweinerippchen und die Bohnen in dem Wasser, bis die Bohnen fast weich sind und nehmen die Krakauer und das Rippchen wieder raus. Sie dürfen das Wasser aber nur ganz kurz aufsprudeln lassen. Danach lassen Sie die Suppe nur noch auf kleiner Flamme köcheln. Die Kartoffeln müssen Sie waschen, schälen und in kleine Würfel schneiden und mit
kleingeschnittenem Porree,
einer Messerspitze Thymian und
Bohnenkraut zu den Bohnen geben und aufkochen lassen. Dann schmecken Sie's mit
Pfeffer und **Salz** ab und lassen die Suppe garköcheln.
Zum Schluß schneiden Sie die Mettwurst und das Rippchen klein und geben beides wieder in die Suppe."
Während dieses kulinarischen Ausflugs in die Wohnküche von Kowalewskis versuchte das Kleine ab und zu, Laut zu geben, was Frau Kowalewski aber nicht aus der Ruhe bringen konnte. Sie machte den Säugling mundtot, indem sie ein Fläschchen Tee so in dessen Mund hielt, daß er unablässig schlucken mußte und sie freiweg erzählen konnte. „Und der Vorteil bei so einem

Bohnenkraut
Haupteinsatzgebiet für dieses Kraut sind Hülsenfruchtgerichte, weil es Blähungen verhindert.

Bohnensüppchen ist, daß man nicht auf die Minute pünktlich mit dem Essen anfangen muß, denn je länger es kocht, desto leckerer schmeckt es! Das ist ja grade bei einem Umzug nicht unwichtig. Mein Eduard sagt immer..."

„Frau Kowalewski, was wollten Sie noch gleich von mir?" Robert mußte sich einfach mal wieder in Erinnerung bringen.

„Ach, ja, ich wollte Sie fragen – weil wir sonst nicht fertig werden, heute – ob Sie nicht für zwei, drei Stunden auf den kleinen Benni aufpassen könnten? Hannelore hat ausgerechnet für heute keinen Bebisittich kriegen können. Bennilein ist nämlich mein Enkelkind von Hannelore. Ist der nicht süß? Den stolzen Vater müßtense mal sehen. Von dem hat er übrigens die Augen! Die Haare hat er von meinem Eduard, haha. Aber die Ohren..." Es folgte eine Liste sämtlicher Organe des Kindes und wer sie gespendet hatte, danach eine Beschreibung seines Stammbaumes bis in die welkesten Blätter, die Todesarten aller bereits verblichenen Verwandten in Farbe und sein bisheriger Lebenslauf in Echtzeit, beginnend mit Hannelores Preßwehen.

„Nein, das wäre wirklich sehr nett, wenn Sie auf Benni achtgeben könnten, weil wir sonst nicht fertig werden. Er ist auch ein ganz liebes Kind, schreit nie..." – *Kein Wunder, bei der Oma kommt der Kleine einfach nicht zu Wort.*

„Na, gut, dann geben Sie den Kleinen her."

„Oh, danke. Es sind ja nur zwei, drei Stündchen." Frau Kowalewski übergab das Bündel Robert, der als erstes das Fläschchen mit einem lauten „Plopp" aus dem Kind zog, auf das man minutenlang das pfeifende Geräusch einströmender Luft hörte. Da stand er nun und hatte ein Kind. Jetzt war ihm klar, warum seine Mutter ihn immer vorm Naschen gewarnt hatte.

Im Umdrehen meinte Frau Kowalewski noch: „Ich glaube, bei Ihnen brennt was an, es riecht so komisch!"

Herrje, der Kuchen!
Er legte Benni vorsichtig auf den Boden und hechtete zum Ofen. Als er ihn öffnete, qualmte ihm schwarzer, fetter Rauch entgegen, der in Richtung des offenen Fensters zog und sich nach draußen ergoß. Robert stürzte zum Fenster und brüllte auf die Straße: „Dies ist kein Wohnungsbrand!", um zu verhindern, daß ihn die Feuerwehr zu alledem auch noch mit Löschwasser ersäufte.
Dann nahm er mit Topflappen den „Kuchen" in seiner rotglühenden Form aus dem Ofen, stellte ihn in die Spüle und träufelte Kühlwasser darüber. Später bröckelte er dann mit einer Gabel die schwarze Masse in den Abfalleimer.
Asche zu Asche...
Jetzt war er zwar die dampfende Kohle, nicht aber seinen Kohldampf los. Und solange er aus allem, was er kochte, buk oder briet, Kaltschale oder Kohlekompretten werden ließ, mit denen er den Eimer und nicht sich fütterte, solange würde sich das auch nicht ändern. Für einen kurzen Augenblick sann er über den Frevel, die Reste von seines Hundes Katzenzunge zu vertilgen, aber: geschenkt ist geschenkt, und die Wieder-Holung des durch die Schenkung zur fremden, beweglichen Sache gewordenen Gebäcks ist rechtswidrig nach § 242 StGB und kann trotz Geringwertigkeit der Sache gemäß § 248 a StGB auf Antrag verfolgt werden!
Ermattet stützte er sich auf die Anrichte und ließ den Kopf hängen.
Wenn er ein Tagebuch führen würde, den Eintrag für diesen Tag hätte er mit seinem Herzblut zu schreiben und er müßte so (oder ähnlich) lauten: „Trotz der Verschwörung gegen mich, der Verschwörung des Weltbolschewismus, der EG, der katholischen Kirche, des CIA, des 1.FCK und der Bildzeitungsleser, die vom Präsidenten der Vereinigten Staaten mit Hilfe von Beobachtungssputniks und Frau Kowalewski geleitet wird, ist mir heute die Entwicklung des Briketts im Gugelhupf gelungen, was aber allein auch nicht satt macht..."
Sein Gedankengang zur Huldigung deutschen Ingenieurgeistes wurde vom Geschrei des Kleinen jäh unterbrochen, mit dem sich Heinrich in der ihr typischen Weise vergnügte. Was Robert da sah, glaubte er mal bei Kinsey auf Seite 69 gelesen, oder in „Emanuelle IV" gesehen zu haben und verstieß mit Sicherheit gegen die guten Sitten und § 176 (1) StGB. (So leicht lernt man Strafrecht! – Anm. d. Verf.)
Er schubste Heinz mit dem Fuß von dem kreischenden Bündel und zog dies an dem, was später einmal der Hosenbund werden würde, auf den Arm. Was konnte so ein kleiner Mensch laut schreien!
Er strich Benni zu dessen Beruhigung über den Kopf, aber dadurch wurde der nur lauter. Auch der darauf vorgenommene, nicht unlogische Versuch, die Phonzahl mittels Streichelns gegen den Strich zu senken, scheiterte.
Er wiegte den Säugling ziemlich heftig, in der Hoffnung, diesem würde davon so schlecht, daß ihm die Lust am Gebrüll verging. Nutzte nichts.
Er hielt dem Wurm den Mund mit der Hand zu, in die Benni (das ist nicht die Koseform von „Benjamin", sondern von „Bengel"!) sogleich hineinbiß – und das ohne Zähne.
Er machte es der Kowalewskischen nach und pfropfte das Fläschchen wieder auf. Das zeigte Wirkung. Endlich Ruhe!
Jetzt stiegen nur noch Bläschen im Tee auf.
Vielleicht hatte der Kleine Hunger!?!

Salz wird im Gradierwerk (Saline), aus Streuern (Streusalz), aus Kräutern (Kräutersalz) oder aus Viechern (Viehsalz) gewonnen. Im Mittelalter war es schwer zu kriegen (Salzkriege). Es wird eingesetzt in Wurst (Salami), Mischgemüse (Salat), Mineralwasser (Selters) und gibt auch Geschwätz die richtige Würze (Sülze).

Mit Benni auf dem Arm durchstöberte er alle Schränke in der Küche und fand tatsächlich noch ein angebrochenes Päckchen Haferflocken. Also brachte er
2 Gläser Vollmilch in der Stielkasserolle zum Kochen und streute
4 Eßlöffel Haferflocken hinein. Auf den
einen Teelöffel Zucker und die
eine Prise Salz, die er normalerweise noch hätte unterrühren müssen, verzichtete er diesmal, weil das für so kleine Kinder nicht gesund sein soll. Plötzlich drohte die Milch überzukochen, und er mußte Bennilein auf den Boden setzen, um das Schlimmste durch hektisches Quirlen zu verhindern. 10 Minuten später, als die Flocken schön aufgequollen waren, wurde sein Rühren durch das Geschrei von Heinzilein jäh unterbrochen.
Er holte den kleinen Bengel von Heinrich herunter und... – nein, das ist schlecht formuliert – Er *hob* den kleinen Bengel von Heinrich herunter und nahm ihn wieder auf den Arm.
Vorwurfsvoll sah er zu Heinrich herab: Sowas hatte ja irgendwann einmal passieren müssen! Hoffentlich war Bennilein jetzt wegen Scheherazades Initiative nicht frühkindlich geprägt! Na ja, das würde sich frühestens in zwölf bis fünfzehn Jahren zeigen, und nach so langer Zeit würde man Roberts Hund nicht mehr als Verursacher vermuten.
Hoffentlich.
Aus der Schublade kramte er den Löffel mit dem Kasper auf dem Stiel aus seinen Kindertagen, um Benni damit zu füttern, aber Benni wollte nicht mehr, denn Benni schlief jetzt. Wenn auch beruhigt, legte er etwas frustriert den Balg in seinen Schlafsack und versuchte sich zu erinnern, ob Heinz Haferflocken mochte, denn *er* würde diese ungesüßte Pampe nicht essen.
Er rauchte eine und dann entschied er sich:
Staub zu Staub...

Robert wandte sich wieder seinen Hausaufgaben zu.
Er öffnete den Aktendeckel und begann, die Papiere zu sortieren. Soweit er das überfliegend überblicken konnte, waren die ermittelnden Behörden zu dem Schluß gekommen, daß Frau F. aus der Schillerstraße S.* ihren Mann M. nach 30 Jahren Ehe E. mittels eines Hais H. getötet hatte.

***Adresse und Initialen geändert.**

Das schien interessant zu werden, zumal komplizierend hinzukam, daß nicht der Hai Herrn M.F. gefressen hatte, sondern M.F. den Hai, der erst dann M.F. tötete.
Notwehrexzeß nach § 33 StGB?
Frau F. leugnet jedenfalls jede schuldhafte Beteiligung am Tod ihres Gatten und verweist in der ersten Vernehmung auf ihr Alibi: „Ich war beim Abwasch, als mein M. unter den Eßtisch rutschte. Oh, Gott, wie furchtbar!"
Sie gibt aber zu, M.F. an diesem Abend das tödlich giftige Mahl bereitet zu haben: „Sie müssen zuerst das
Haisteak unter fließendem Wasser abspülen und mit Küchenkrepp wieder trockentupfen. (Wenn Sie keine Haisteaks kriegen, können Sie zur Not auch Dorsch nehmen.) Dann
einen Teelöffel Zitronensaft drüberträufeln, das Steak mit
Olivenöl auf beiden Seiten bepinseln und je Seite 7-8 Minuten grillen. Erst dann dürfen Sie den Fisch mit
Pfeffer und **Salz** würzen, ogottogott, wie ist das alles furchtbar."
Soweit das Protokoll.
Der gerichtsmedizinische Bericht zählt als weiteren Inhalt des Magens des M.F. auf:
40 g Joghurt,
einen Teelöffel Mayonnaise,
einen Teelöffel Sahne,
einen Teelöffel Zitronensaft,
gehackten Dill,
gehackte Petersilie,
gehackten Schnittlauch,
gehackten Estragon,
Senf,
Zucker,
Pfeffer und **Salz**.

Estragon:
Im Namen dieses Krauts steckt das Wort „Dragon", also „Drache", was seine Ursache darin hat, daß man im Mittelalter glaubte, Estragon helfe gegen Schlangengifte (daher auch: „Schlangenkraut"). Estragon wird in Salaten, bei Geflügel, in Suppen und an Fisch verwendet.

Der Pathologe P. vermerkt hier, daß diese Zutaten wohl für die Soße verwendet worden seien.
Er R. stutzte einen Augenblick, weil gar kein Alkaloid gefunden worden war. Was quasselten die denn alle von Giftmord? Sollte es sich etwa um einen Rechtsirrtum mit linksdrehendem Joghurt handeln?
Doch halt, da fand sich der toxikologische Befund: „H. war vor dem Verzehr schon geraume Zeit tot, der Zeitpunkt des Todes kann nicht genauer eingegrenzt werden, jedoch scheint die Überschreitung des Haltbarkeitsdatums des H. das Ableben des M.F. deutlich beschleunigt zu haben."
F. hätte demnach M.F. verdorbenen und daher vergiftenden H. vorgesetzt. Es bliebe allerdings zu prüfen, ob das Vorsetzen mit Vorsatz geschehen war.
Robert wurde sich der Tragweite dieser Worte bewußt.
Eine Fischvergiftung!
Ogottogott, ihm wurde schlecht.

Haisteak

31

Tabasco

ist eine mexikanische Provinz, nach der eine Pfefferwürze benannt wurde, die die Einheimischen munter macht. Das ist vergleichbar mit Worcestershire County in England oder dem Landkreis Maggi in Südbaden.

Big Bloody Mary

Das war zuviel für seine Nerven.
Er konnte ja nun wirklich viel ertragen: Backpulver im Bauch, Quasselkowalewski, kohleähnlichen Kuchen, kleine Quälgeister und Arbeit am Abend, aber die Vorstellung faulen Fischs ließ seine Galle gären.
Jetzt brauchte er etwas, das ihn wieder munter machen würde.
Etwas mit vielen Vitaminen.
Und noch mehr Prozenten.
Etwas, das auch M.F. wieder zum Leben erwecken könnte.
Jetzt brauchte er eine Bloody Waltraut.
Er ging mit einem Glas an seinen Kühlschrank und füllte es zur einen Hälfte mit **Tomatensaft** und zur anderen mit **Wodka** und gab darauf noch **etwas Zitronensaft**, schmeckte es ab und spritzte noch **einen dash Worchestersauce** dazu, befand es, nachdem er es gekostet hatte, als noch nicht befriedigend und würzte mit **einem Spritzer Tabasco** nach, probierte ein Schlückchen und rührte noch **ein wenig Selleriesalz**, **Pfeffer** und **Salz** unter. Natürlich nicht, ohne dazwischen immer zu probieren, was das Glas, obwohl Robert noch **2 Eiswürfel** hineinwarf, erbärmlich leer wirken ließ und er sich gezwungen sah, das Volumen mit Wodka wieder zu korrigieren.
Er hob die leicht tomatentrübe Flüssigkeit an seine Lippen und wollte sie gerade zur Beruhigung über seine Magenschleimhäute laufen lassen, als es wieder einmal an der Tür klopfte, diesmal war es dahinter allerdings erstaunlich schweigsam.
Er ging hin, öffnete die Wohnungstür und:

32 Königsberger

Da stand SIE! (Nein, nicht die Blondine von der Tankstelle!)
„Hallo, ich bin die Eva." (Siehste?!)
Die absolute Göttin!
„Jürgen und Hannelore schicken mich, ich soll Benni holen."
Robert wollte „'n Abend!" sagen, aber er bekam nur die Konsonanten raus.
Irgendwer hatte
ein Viertel einer Semmel in Wasser eingeweicht, ausgedrückt und mit
100 g gemischtem Hackfleisch,
20 g feingehacktem, **fettem Speck**,
einem Sardellenfilet (feingehackt),
dem feingehackten Viertel einer Zwiebel,
einem halben Ei,
Pfeffer und **Salz** vermischt, durchgeknetet und zwei Klöße daraus geformt, die in seinem Hals trotz Räuspern in
einem Liter Sud garten (20-25 min), der zuvor aus
einem Teelöffel Salz,
einem Lorbeerblatt, den anderen
3 Vierteln der Zwiebel und
3 Pfefferkörnern aufgekocht worden war.
„Könnte ich dann bitte jetzt Benni haben?!?"
„Grmpfwhh..."
Ogottogott, er konnte in dem Glas sehen, daß er rot geworden sein mußte.
Wie paihnlich!
Er wirbelte herum, „Ja natürglig...", stolperte zur Spüle, stellte das Glas ab und hielt sich einen Augenblick fest, weil sich seine Knie auf einmal wie
30 g zerlassene Butter für eine Sauce anfühlten. Er merkte, wie er sich darin die gesunde Gesichtsfarbe von
einem gehäuften Eßlöffel Mehl anschwitzte. – *Guckte sie noch?*
„Komm doch rnn."
Ein halber Liter gesiebter Kochsud lief ihm den Rücken runter, direkt in die Mehlschwitze in seinen Knien und kochte dort weiter (5 min).
Er drehte sich um, ging zum Schlafsack, holte Benni unter Heinz weg und gab IHR (Eva) das schlafende Bündel.
Als er SIE (Eva) dabei wieder ansah, trübten sich seine Augen, als hätte jemand
einen Teelöffel Zitronensaft reingeträufelt, auf seiner Zunge hatte er wieder
einen Teelöffel Senf und in seiner Kehle hüpften
Kapern (ein Teelöffel).
SIE (Eva) bedankte sich und ging einfach.
Robert stand in der Tür und konnte es nicht fassen.
Da war SIE gewesen, SIE, die ul, ti, ma, tive Traumfrau, und er hatte sich wie ein Volltrottel benommen.
Wie der allerletzte Depp vom Dorf. Er hätte sich am liebsten
ein halbes Ei abgebissen, mit etwas Sud verquirlt, in die Sauce eingerührt und mit
Pfeffer und **Salz** abgeschmeckt.
Aber er kam nicht dran.
Also schloß er nur die Tür und ging zu seinem Wodka zurück, schüttete ihn weg und goß auf den Kloß in seinem Hals ein
Bierchen. Prost! (Dazu Kartoffeln nach § 18, Abs 3, GBüKoB)

Kapern sind die Blütenknospen des Kapernstrauches, die entweder in Salzwasser, Essig oder Öl eingelegt werden, und dementsprechend benannt sind. Auch die Salzkapern haben trotz ihres engen Bezuges zum Salzwasser nichts mit der gleichlautenden Tätigkeit der Piraterie zu tun.

Klops

33

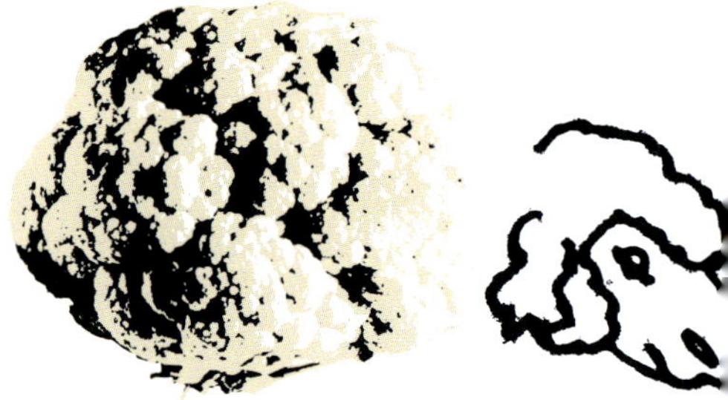

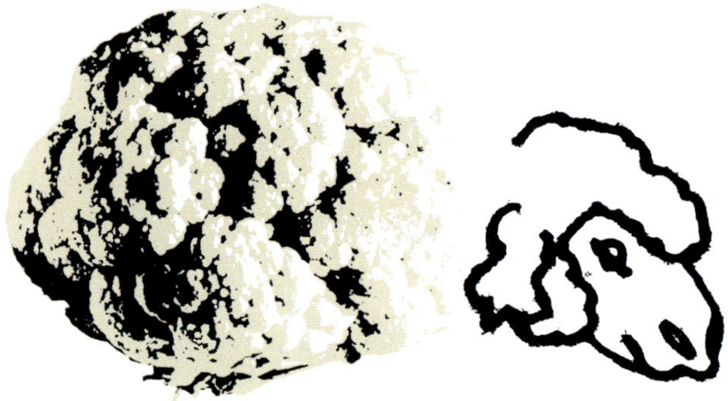

Hirtensalat

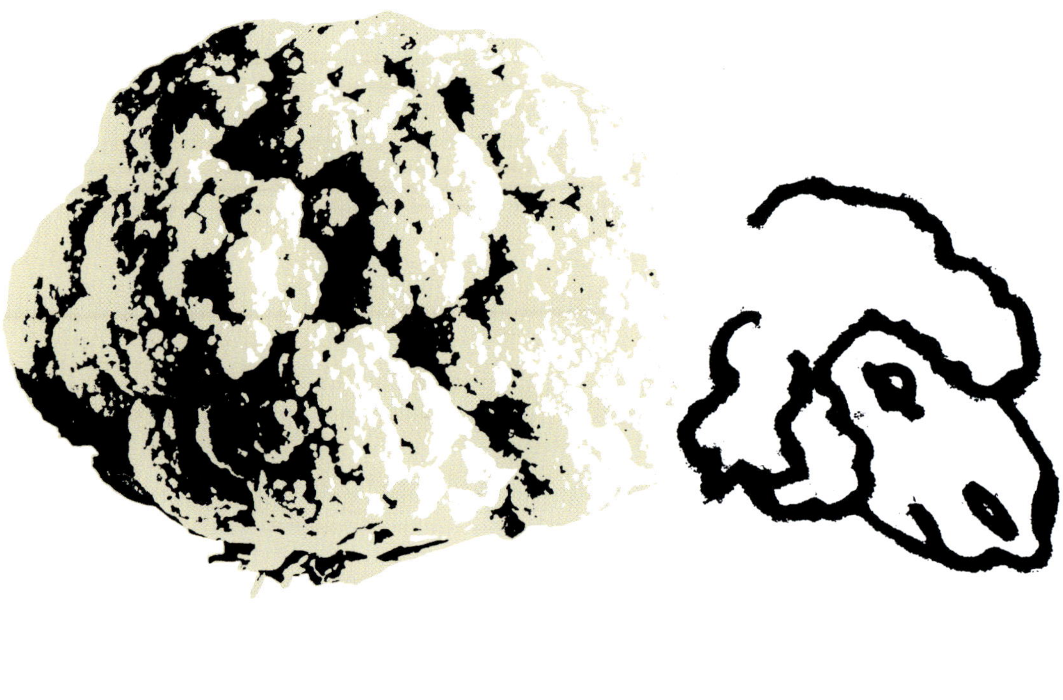

34

Dann fuhr die Trambahn vorbei und riß ihn aus seinen Alpträumen. War es wirklich schon dreizehn nach sechs?
Robert fühlte sich, als wäre es erst 1910: die ganze Nacht hatte er am Südpol gegen Schneestürme gekämpft und so wie es aussah, trotz heroischen Einsatzes verloren und jetzt Schnupfen.
Wenn nicht galoppierende Tb.
Oder sogar Gefrierbrand, igitt.
Damit könnte er heute unmöglich zur StA. Schließlich müßte er ja diese Unterkühlung auskurieren und außerdem könnte er dann auch, eben nur mal so, auf ein Schwätzchen bei seiner neuen Nachbarin vorbeischauen.
Aber als er sich gerade in seinem Schlafsack zusammengerollt hatte (mit dem Hund als lebendem Heinzkissen), fiel ihm wieder ein, daß er seinem Ausbilder noch die Ergebnisse des Fischmordes mitzuteilen hätte. Also krabbelte er mit seinen steifgefrorenen Gliedern wieder raus aus dem Sack, rein in ein Paar Hosen und ein paar Pullover.
Der Rechtsreferendar stellte mit Entsetzen fest, daß er des Nachts mit seinen Vorräten kurzen Prozeß gemacht hatte (nach der Arbeit müßte er als allererstes einkaufen) und sammelte aus allen Schränken und Schubladen sämtliche Reste zusammen, um sie zu erhitzen. Denn ohne was Warmes im Bauch würden ihn keine zwanzig Schlittenhunde vor die Tür kriegen.
„Nicht einmal du, du Yetiterrier!"
Er fand tatsächlich noch
3 Riegel Zartbitterschokolade,
ein Ei,
einen Viertelliter Vollmilch,
einen Keks,
einen Rest Instantkaffee,
2 Portionsdöschen Kaffeesahne (zusammen 30 ml) aus der Konditorei Becker am Marktplatz und eine fast leere Flasche
Schokosoße.
Robert stellte die Kasserolle auf den Herd und rührte bei Heizstufe „1" die Schokolade mit einem
halben Glas Wasser, bis sie geschmolzen war, gab dann die Milch hinzu und ließ alles aufkochen.
Er nahm die Kasserolle von der Kochstelle und ein bißchen von der Flüssigkeit daraus, verquirlte diese mit dem Eigelb, der Kaffeehaussahne und einem Eßlöffel löslichen Kaffees und gab sie dann in den Topf zurück.
Er füllte seine heiße Schokolade in einen Meßbecher, tröpfelte dann den Rest der Schokosoße hinein, streute
eine Prise Zimt drüber, servierte sich den Keks dazu und:
verbrannte sich beim ersten Schluck die Schunge.
Sch...

Zimt ist ein Symbol für menschliche Wärme, da es aus sehr warmen, exotischen Weltgegenden importiert wird. Hierzulande würzt man damit hauptsächlich Weihnachtsbackwerk, das in der Adventszeit zur Vorbereitung des Festes der Nächstenliebe bei Temperaturen um 200° C gewärmt wird. In den Vereinigten Staaten ist es eine der Spezi-Spezereien eines in Atlanta beheimateten Hustensaftes.

Heisse Schokolade

Heinrichs Morgenruhe währte nur bis mittags – logisch.
Robert stolperte kurz nach High Noon unverschlafbar laut mit mehreren Tüten beladen in die Wohnung. Er hatte vor seinem Ausbilder in einem Schwindelanfall so überzeugende Leibschmerzen simuliert, daß dieser ihn nach Hause geschickt hatte: „Wenn's ein Junge wird, können Sie ihn ja nach mir nennen. Ha. Ha.“ (Dabei hätte er diesmal lieber ein Mädchen!)
Jetzt konnte er Eva nach dem Plan anmachen, den er sich bei Tengelmann zwischen Sauerkonserven und Hygieneartikeln genau zurechtgelegt hatte. Er würde rübergehen und einfach sagen: „Hallo, ich bin's, der Robert von nebenan, und ich wollte mir mal deinen Zucker borgen!“
– Ach, das ginge ja gar nicht, Zucker hatte er ja noch selbst!
„...und ich wollte mir mal dein Salz...“ – Nein, ginge auch nicht, hatte er auch noch.
Zimt? – Nein. Auch noch.
Muskat, Melisse, Majoran? – Nein, nein, nein.
Er hatte vierzig Gewürze und Kräuter ständig vorrätig, wie sollte es da noch eins geben, daß er nicht da hatte und das er sich jetzt bei Eva ausborgen konnte?
Er holte alle seine Kochbücher (insgesamt: 2) und suchte nach dem Gericht mit dem einundvierzigsten Gewürz. Dieses Verfahren, nach Kräutern zu suchen, bot zudem den Vorteil, daß er ggf. auf Anfrage angeben konnte, wofür er es brauchte.
Und das war ungeheuer wichtig: Seine Anmache durfte auf gar keinen Fall als solche entlarvt werden, sonst könnte Eva womöglich noch merken, daß er sie toll fand!
Da!
Da war das Rezept, das er suchte! Frei aus dem Französischen übertragen hieß es: „Schwäbischer Rehpfeffer:
Ein Kilogramm in Stücke geschnittenen Rehfleischs in eine Schüssel legen,
2 in Würfel geschnittene Zwiebeln,
2 Lorbeerblätter,
2 Gewürznelken,
Thymian,
die Schale einer Zitrone,
4 Wacholderbeeren und
6 Pfefferkörner darüber verteilen, mit
einem halben Liter Rotwein übergießen und 35 bis 48 Stunden zugedeckt ziehen lassen. Dann

Thymian ist in fetten Gerichten eine Verdauungshilfe, bei Magenverstimmungen ein Tee, während Erkältungskrankheiten ein Badezusatz, gegen weiche Knie ein mutmachender Talisman.

Rehpfeffer

100 g durchwachsenen, **gewürfelten Speck** in einer Kasserolle hell anbräunen und das gut abgetropfte Rehfleisch unter Wenden anbraten.
4 weitere in Würfel geschnittene Zwiebeln dazugeben, bräunen lassen und mit der gesiebten Marinade ablöschen.
4 Schwarzbrotrinden hineingeben, etwa eine halbe Stunde durchkochen lassen und mit
Pfeffer und **Salz** abschmecken. Zuletzt
125 ml süße Sahne unterrühren. Dazu
Preiselbeeren reichen."
– Wacholderbeeren!
Das war das Rezept, das Robert gesucht hatte.
Unglaubwürdig könnte jetzt nur noch sein, daß er für sechs Personen kochte.
Aber das war jetzt zweitrangig.
Wacholderbeeren!
„Hallo, ich bin's, der Robert von nebenan, und ich wollte mir mal deine Wacholderbeeren borgen!"
Ja, das gefiel ihm. Er probte diesen Satz mehrmals mit Heinz als Zuschauerin, ging dann zur Tür, holte tief Luft und… drehte sich um, ging wieder zu Heinrich, probte noch mehrmals mit wechselnden Tonlagen, entschied sich für den Bariton, ging wieder zur Tür, holte noch einmal tief Luft und öffnete sie so schnell, daß Eva versehentlich an seinen Brustkorb klopfte:

„Oh, hoppla, hallo!"
„Hhhh!" Robert hatte schon wieder diese seltsame Artikulationsschwäche, bekämpfte sie aber mannhaft so gut er konnte: „Wie ghts?"
„Ich wollte mal fragen, ob du mir vielleicht aushelfen könntest. Ich bin gerade dabei, mir was zur Stärkung zu kochen, aber ich hab' noch nicht alle notwendigen Zutaten da. – Der Umzug, du verstehst?!" Mit einer schweifenden Bewegung deutete Eva in seine Wohnung und ergänzte: „Ich meine, du bist ja auch noch nicht voll möbliert... Aber vielleicht hast du für mich ein paar Wacholderbeeren da?"
Wacholderbeeren?
Wacholderbeeren.
Ausgerechnet! Warum nicht Kardamom oder Koriander?
Aber jetzt bloß nichts falsches sagen: Wenn er wahrheitsgemäß verneinte, würde sie sofort wieder gehen!

Wacholder gilt als blutreinigend. Man sollte bei einschlägigen chronischen Krankheiten täglich 5 bis 10 von diesen starkwürzenden Beeren zerkauen. Flüssig sind sie in Steinhäger zu finden.

Um seine Stimmbänder rangen sein Geschlechtstrieb und seine Berufsehre und, da er nicht unter Eid stand:
„Gucken wir doch mal. Komm' doch solange rein."
Tür zu.
Das war geschafft. Das Mäuschen saß in der Falle. Jetzt müßte er sie nur noch in ein Gespräch verwickeln: „Wofür brauchst du denn Wacholderbeeren?" flötete er, während er mit gerunzelter Stirn möglichst suchend wirkend auf sein Kräuterregal stierte.
Eva: „Für eine französische Zwiebelsuppe."
Er: „Ach, interessant. Erzähl' doch mal, wie *du* die machst, du mußt nämlich wissen, ich bin leidenschaftlicher Hobbykoch..." In diesem Augenblick bellte Heinrich völlig unmotiviert so schrill, daß man es für Lachen hätte halten können, aber davon ließ sich Robert nicht bremsen: „...Ach, was red' ich von Hobby, Kochen ist meine eigentliche Profession! Bei der Staatsanwaltschaft bin ich nur wegen des monatlichen Gehaltschecks, hä...", er haßte sich selbst in solchen Momenten, „...hä."
„Ich dachte, du wärst noch Rechtsreferendar *vor* dem zweiten Staatsexamen?!?"
Ertappt!
Wie wahnsinnig nach Wacholderbeeren suchend, wollte er nur noch möglichst schnell das Thema wechseln: „Wie machst du denn jetzt deine Zwiebelsuppfhhh...?"

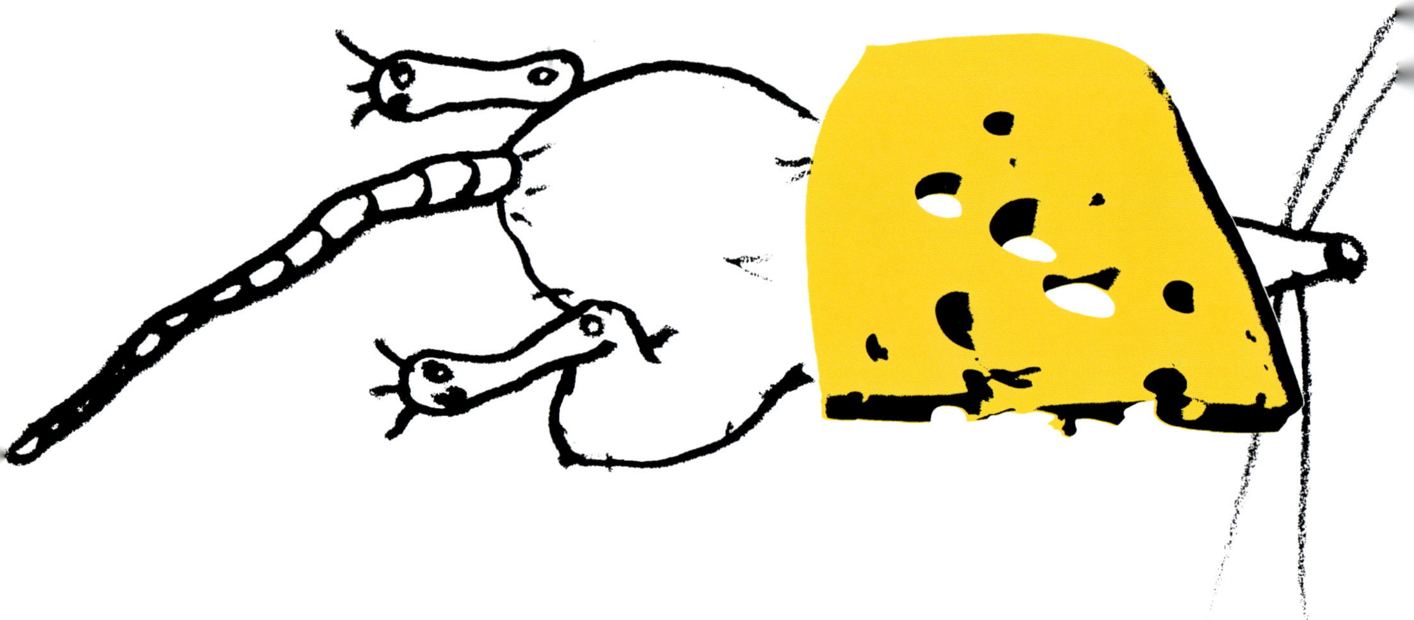

Nachsichtig lächelnd erzählte Eva von
2 geschälten und grob gewürfelten Zwiebeln, die in einem Topf in
20 g zerlassener Butter unter Rühren 3 Minuten angeröstet würden.
Und von
einem Viertelliter heißer Fleischbrühe, der mit
2 Wacholderbeeren in den Topf gegeben würde, um 20 Minuten auf kleiner Flamme (nicht sprudelnd) zu kochen. Sie schilderte, daß man danach die Wacholderbeeren herausnehmen müsse, dafür
ein Glas (50 ml) **Weißwein** dazugäbe, wobei sie stilecht einen preisgünstigen verkochen würde, da diese Suppe ursprünglich keine Delikatesse gewesen sei.
Und daß man die Suppe mit
frisch gemahlenem schwarzem Pfeffer und **Salz** abschmeckte.
„Dann nimmst du eine große Suppentasse, schüttest die Suppe hinein und bedeckst sie mit
getoastetem Weißbrot." Am echtesten wären da dünne Scheiben eines Baguettes, die man wiederum mit etwa
25 g geriebenem Emmentaler bestreute, aber zur Not täte es auch eine Scheibe Toastbrot.
Die Suppentasse stelle man zum Überbacken in den auf 250° C vorgeheizten Backofen. „Ungefähr für 5 bis 7 Minuten, auf alle Fälle so lang, bis der Käse zerlaufen ist.
Vorsicht, heiß!
...Und wie machst du *deine* französische Zwiebelsuppe?" fragte sie keck den passionierten Hobbykoch, der sich dadurch gezwungen sah, wieder das Thema zu wechseln: „Oh, nicht eine Wacholderbeere mehr, so ein Pech, das tut mir aber leid." Eva zog eine Augenbraue hoch, dann drehte sie sich mit einem „Trotzdem, Danke." zur Tür und wollte gerade gehen, da nahm sich Robert zusammen und fragte sie ohne Auslassung von Selbstlauten, ob er sie denn zum Trost für den übernächsten Abend (eine innere Stimme warnte ihn vor Verabredungen am *nächsten* Abend) zur gemeinschaftlichen Nahrungsaufnahme einladen dürfte, das wäre doch nett und im Fernsehen würde sie auch nichts verpassen.
Evas Augenbraue senkte sich wieder, sie lächelte (dieses Lächeln!): „Am Freitagabend kann ich leider nicht, ich muß auf Benni aufpassen. Samstag?"
„Am Samstag kann *ich* leider nicht." Das stimmte zwar nicht, sah aber so aus, als wäre er irre begehrt.
„Sonntag?"
„Sonntag ist o.k.!"
„Um acht?"
Und mit einem Nicken bestätigte sie: „Um acht."

36

zwiebelsuppe

Als sie wieder draußen war, sahen sich Heinz und Robert noch minutenlang ungläubig an. Das gab's doch gar nicht, das mußten sie doch geträumt haben. Sie hatte zugesagt! Sie hatte tatsächlich zugesagt!
Aufgeregt stolperte er zwischen der Tür und der Kochzeile auf den rosaroten Polystyrolkügelchen hin und her, die überall unter seinen Fußsohlen waren. Hoffentlich hatte er sich mit dieser Einladung nicht zu weit aus dem Fenster gelehnt; so einer Frau muß man schließlich was bieten, die läßt sich nicht mit ein paar Spiegeleiern mit Speck abspeisen! – Obwohl, mit Speck fängt man Mäuse!
Aber, was für Speisen denn dann?
Er wanderte weiter auf und ab und versuchte, sich in all dem wattigen Nebel in seinem Kopf zu orientieren: Ein richtiges Menü sollte es schon sein. So ein richtiges mit Vorspeise, Hauptgang und Dessert. Nur, womit fängt man an? Aphrodisiaka wie (in umgekehrter alphabetischer Reihenfolge) Weinbergschnecken, Termitenköniginnen, Stierhoden, Spargel, Kaviar, Hummer, Froschschenkel, Erdnußbutter, Austern und anderes waren zu extra-ordinär und schieden daher von vornherein aus. Sonst könnte er sich ja auch sofort wie Heinz an sie ranschmeißen und mit eindeutigen Bewegungen zur Balz auffordern. Nein, das verbietet nicht nur die gute Erziehung, sondern das gut' Ding an sich. Denn das will ja Weile haben.
Niemals gleich mit der Vorspeise auf der Tür ins Haus phallen. Er wanderte weiter auf und ab, kreuz und quer, im Kreis, im Zickzack, von rechts nach links, von links nach rechts und zurück, alles auf der Suche nach dem Appetizer, der nicht derb an Hausmacher Leberwurst erinnerte und trotzdem nicht aufgesetzt und protzig wirken würde.
Vier Kilometer später war er am Ziel: „Garnelensalat!

Chutney ist eine Gewürzmischung aus Ingwer, Zucker, Pfeffer und anderen, die durch Zugabe von Früchten marmeladenartig pastos wird. Am bekanntesten sind Mango-Chutney und Tomaten-Chutney.

Das ist es! Die Viecher gibt's mittlerweile sogar schon beim Aldi."
Er las nach, was er zu tun hätte, um den Salat zu haben.
„Man nehme
ein Eigelb und schlage dies mit dem Schneebesen in einer Rührschüssel mit
2 Eßlöffeln Tomatenketchup,
einem Eßlöffel Zitronensaft,
einem Teelöffel Zucker und
Salz zu einer Mayonnaise, in die man löffelweise
100 ml Salatöl einrührt. Diese vermische man dann mit
einem Teelöffel frisch geriebenem Meerrettich,
einem Teelöffel Mango-Chutney,
einem Teelöffel Chilipulver,
dem Saft einer halben Zitrone,
einem Eßlöffel Ananassaft,
2 Eßlöffeln geschlagener Sahne und
einem Eßlöffel Sherry.
Die Stücke von
einem entsteinten und geschälten Pfirsich,
30 g Ananas (aus der Dose),
50 g Spargel (aus der Dose),
30 g Champignons (aus der Dose) und
150 g Garnelen (aus der Dose) vermengen, die Marinade unterziehen und den Salat auf zwei geeignete Teller verteilen."
Das ist ja gar nicht so schwer. Seine eigentliche Aufgabe würde also sein, die kommenden Tage bis Sonntag gelassen zu überstehen, aber auch das traute er sich männermäßig zu.

38

Am Sonntagabend, Roberts großem Tag, war die Spannung im Appartement physisch.
Scheherazade vom Sängerhof lag, lasziv, wie sie das ihrem Stande schuldig war, ihr in stundenlanger, mühevoller Trimmarbeit seidenweich gekämmtes Deckhaar weit um sich breitend, auf einem weißen Laken, das über Roberts Schlafsack die Funktion einer Tagesdecke eingenommen hatte.
Herrchen indes, nicht weniger haargepflegt, wanderte sich, nicht ganz so lässig, während seiner stetigen Patrouillen, auf denen er seine Vorbereitungen kontrollierte, an seinen neuen, sehr engen Lackschuhen die Absätze schief. So oft er auch guckte, im Kühlschrank standen immer noch die zwei Salatteller zur Vorspeise und die zwei Schälchen Gelee zum Dessert. Und im Ofen briet immer noch sein Festtagsbraten (wie das Braten so tun).
Wassily und ein namenloser Kollege, den Robert sich bei Ackermanns geliehen hatte, standen unbeweglich am Tisch. Das Bettlaken, das er als Tischdecke über die Türplatte gebreitet hatte, ließ sich nicht noch glatter ziehen, und die Nelken, die auf der zeltähnlichen Ausbeulung über der Türklinke zum Kaschieren derselben gestreut hatte, ließen sich auch nicht noch zufälliger anordnen. Trotzdem nahm er jedesmal, wenn er sich diesem Bukett widmete, eine auf und prüfte, wie schnell Nelken welken. Die hatte er nämlich beim Nachmittagsgassi vom Friedhof zweckentfremden müssen, da er es versäumt hatte, sich zu Gärtnereiöffnungszeiten einzudecken. Und jetzt wollte er sichergehen, daß seine Blumen nicht wie ihre Vorbesitzer allzu früh von uns gingen. (Die Kerze, die neben der genelkten Klinke auf Entzündung wartete, war ein regulärer Samstagmorgenkauf gewesen.)
Erneut durchmaß Robert seine Wohnung. Sie war noch genauso lang und breit wie drei Minuten vorher. Er bückte sich, um ein langes, seidiges, blondes Haar aufzuheben, und mit einem vorwurfsvollen Blick strafte er Scheherazade: „Ich habe den ganzen Sonntagnachmittag im Kampf gegen das Chaos geopfert, und was machst du?!?“
In der Tat war der heilige Sonntag bei gänzlich profanen Haushaltstätigkeiten dahingeschmolzen. Er hatte Staub gesaugt, Fenster geputzt, Geschirr gespült, Schmutzwäsche gewaschen, Waschwäsche getrocknet, Trockenwäsche gebügelt, Staub gewischt, Kalkflecken gescheuert und Unordnung geordnet (was die zeitfressendste Tätigkeit an diesem Nachmittag war, da er beim Jäten der fraktalen Mandelbäumchen, die in den Gemischtwarenhügelchen auf seinem Teppich keimten, auf allerlei interessante, alte Zeitschriften stieß).
Sogar seine Platten hatte er seit langem mal wieder sortiert. Alphabetisch! Er suchte nach einer dem Anlaß gerechten, gediegenen Scheibe und nahm „Franz Schubert: Seine schönsten Melodien“ aus der Reihe – das war die einzige diesem Zweck entsprechende, die müßte eben endlos für Untermalung sorgen – ließ sie auf seinen Handteller gleiten, stellte die Hülle wieder zurück zu den anderen Platten (Donnerwetter!) und senkte die Nadel auf dem „Eva Martina“ ab. Da der Saphir schon in den ersten Rillen den Staub nicht überwinden konnte („jirrk, knister, jirrk, knister…“) legte er auf den Tonarm ein Einpfennigstück. Weil das nicht reichte, steigerte er die belastenden Aktiva auf zwei Deutsche Mark. Das wirkte.

Lorbeer:
Der Legende nach soll eine Maid namens Daphne sich der Fummelei von Apollo dadurch entzogen haben, daß sie sich in einen Lorbeerstrauch verwandelte und als solcher fortan ehrenvoll aber einsam vegetierte. Seither gilt Lorbeer als Singlewürze schlechthin. Die grossen Triumphatoren der Weltgeschichte trugen ihn gern hinterm Ohr als Zeichen dafür, daß man an der Spitze immer einsam ist. Lorbeer ist schön in Soßen, eine Augenweide in Kohlgerichten und auch zum Draufausruhen nicht zu verachten.

Ente

Ein weiteres Mal ging er zum Herd zurück und blickte durch das Ofenfenster. Mit sich zweifelnd schlug er noch einmal in seinem Grundkochbuch nach, ob er auch wirklich alles mit seiner Canard à l'Orange richtig gemacht hatte. Er hatte vorschriftsmäßig
eine kleine, **frische**, **junge Ente** (3-4 Pfd.) innen und außen mit
einem halben Teelöffel Pfeffer und
einem Teelöffel Salz, innen zudem mit
einem Teelöffel Thymian eingerieben.
Dann hatte er die Ente, ganz nach Rezept, mit
einem geschnittenen Apfel,
den Scheiben einer geschnittenen Orange und
einem Lorbeerblatt gefüllt.
Im Bratentopf hatte er, vorschriftsmäßig,
2 Eßlöffel Olivenöl heiß werden lassen, dann die Ente hinein gelegt und in einer Viertelstunde von allen Seiten braun angebraten. Danach hatte er, wie sich das gehört, die Ente auf den Rücken gelegt und im Bratentopf auf die mittlere Schiene des auf 225° C vorgeheizten Ofens geschoben, wo sie insgesamt etwas über eineinhalb Stunden braten sollte.
Und schon ein paarmal in der bisher verstrichenen Zeit hatte er vorschriftsmäßig den Flattermann mit seinem Bratensaft bepinselt.
Jetzt nahm er, ganz nach Kochbuch,
eine gewaschene, **ungespritzte Orange**, schälte diese so hauchdünn, daß das Weiße unberührt blieb und schnitt die Schale in millimeterdünne Streifen. Er schälte auch das Weiße von der Orange und schnitt sie in Scheiben.
Wenn dann später die Ente gar sein würde, würde er sie aus dem Bratentopf auf eine vorgewärmte Platte legen, den Bratenfond mit
einem Achtelliter Weißwein und
einem Achtelliter Wasser loskochen und mit
kalt angerührter Speisestärke binden. Diese Sauce würde er mit
gemahlenem Pfeffer und
Orangensaft abschmecken. Zu guter Letzt würde er die Orangenstreifen dazugeben und das Ex-Federvieh wie auf dem Foto im Kochbuch mit den Orangenscheiben drumherum und die Sauce in der Sauciere anrichten.
Eigentlich könnte nichts mehr schief gehen, so wie er sich an die Anleitung hielt.
Er öffnete wieder die Ofentür, zog den Topf zu sich heran und bepinselte vorschriftsmäßig den goldbraunen Vogel.
Und wider die Vorschrift sein weißes Hemd.
Dicht über der Leber.

Voll Entsetzen sah er auf den schrecklichen Flecken. Das war sein letztes Hemd gewesen. Das letzte, das noch halbwegs gebügelt gewesen war und noch nicht gerochen hatte. Voller Verachtung starrte er auf die Fettleber, als ob er durch Telekinese das Öl wieder aus dem Gewebe herausdenken könnte. Doch die 19.13 h-Straßenbahn holte ihn wieder in die harte Realität zurück.
Er hatte jetzt nur noch 47 Minuten.
Wo bekäme er jetzt, am Sonntagabend, noch ein sauberes Hemd her?
Nicht einmal an der Tankstelle!
Höchstens zu Hause: Sein Vater hatte den ganzen Schrank voller Hemden, der zog gar nichts anderes an, Pullis kannte der nur vom Hörensagen, weil seine Frau Pullover nur für den Sohn kaufte: „Damit der Junge nicht frieren muß."
Aber für die Hemden seines Vaters war Robert mindestens zwei Nummern zu groß.
Andererseits hätte vielleicht sein Vater noch ein paar von diesen Siebziger-Jahre-Krawatten, die so ewig breit waren. Unter Umständen könnte so eine so breit sein, daß sie, wie in der Werbung, den Fleck kaschierte. Und die Siebziger waren ja auch gerade wieder in, aber...
Nur noch 46 Minuten.
...selbst, wenn er es mit dem alten Auto seiner alten Dame schaffen würde, wer weiß, wahrscheinlich hatte sein alter Herr keinen dieser alten Langbinder mehr auf Lager.
Die einzige Möglichkeit, die ihm in der Restzeit verblieb, war eine sofortige Hemdenwaschung.
Er riß es sich vom Leib und las im Kragenetikett nach, mit...
Noch 45 Minuten.
...wieviel Grad er vorzugehen hätte: „100% Baumwolle, Cotton, Coton, Cotone, 60° C...ah...ha, geht also auch von Hand!"
In Windeseile rieb er mit
angefeuchteter Gallseife an dem noch trockenen Hemd den Fettfleck, wusch die Seife mit heißem Wasser wieder aus und wiederholte das Einreiben.
Im Bad füllte er eine Waschschüssel in der Badewanne mit
6 Litern heißem Wasser, löste darin
2 Eßlöffel Vollwaschmittel und wusch das Hemd.
Das tropfnasse Textil wollte er zunächst in der Waschmaschine trockenschleudern, aber wie man die programmierte, ohne gleich den ganzen zeitraubenden Spaß mit Vor-, Haupt- und Unterwäsche mitmachen zu müssen, hatte vermutlich nur der koreanische Konstrukteur gewußt, und der war, nachdem er die Gebrauchsanweisung ins Deutsche „übersetzt" hatte, verdientermaßen zur Hölle gefahren.
Und dort war er zur Zeit leider nicht erreichbar.
Also auch von Hand trocknen.
Robert nahm sein Einkaufsnetz und tat das Hemd dort hinein.
„Wenn die Trockenschleuder mit Fliehkraft arbeiten kann, kann ich das auch!" Sprach's, trat ans Fenster und schleuderte weit herausgebeugt und sehr fliehkräftig das Wasser aus dem Stoff. Bei der neunten Umdrehung entfloh ihm allerdings gleich das ganze Netz, steuerte zunächst in der Senkrechten direkt den nächsten Orbit an, kehrte jedoch nach ein paar Höhenmetern um und ging nahtlos in einen lotrechten Fallflug über, der bei Ackermanns in den Geranien endete.

Gallseife gehört neben Fleckensalz zu einer Gewürzgruppe, die nicht zum Verzehr geeignet scheint. Aber warum nicht, wenn's schmeckt?

Noch 34 min.
Wie der Protagonist im Unterhemd durchs Treppenhaus hetzte, der Ackermännin einen Bären aufband, um den wahren Sachverhalt zu verschleiern, das Hemd in der schon beschriebenen Prozedur von der Blumenerde reinigte und dann mit dem Fön antrocknete, zwischendurch noch halbnackt die Ente zubereitete und warmstellte, darf man zur Wahrung seiner Würde nicht detailliert wiedergeben, er sah dabei zu erbärmlich aus.
Dann legte er das dritte Bettlaken, zusammengelegt, wie es war, neben einen der Platzteller, stellte das Bügeleisen auf „Baumwolle, Cotton, Coton, Cotone" und bügelte darauf, so gut er das eben konnte, das Hemd halbwegs glatt und trocken. „Der Rest gibt sich beim Tragen von selbst!"
Noch acht.
Er zog es an, verknöpfte sich im ersten Anlauf, begann mit schweißigen, zittrigen Fingern damit noch einmal von vorne…
Sieben.
…und nahm dann seinen Schlips wieder zur Hand. Den Knoten ging er so schwungvoll an, daß ihm der Binder zu Boden fiel. Beim Bücken platzte ihm der Kragen, der Knopf knallte geschoßartig auf die Fußleiste, schlug quer auf den Plattenteller und brachte den Tonarm zum Entgleisen: „…höre einer Jungfrau… jjirrrrk…wehen. Wir schl…"
Vier!
Verzweifelt durchsuchte er alle Schubladen nach der Nadel im Sauhaufen, fand auch eine, aber dazu leider nur schwarzes Nähgarn, und wie würde das an einem weißen Hemd aussehen.
2!
Jetzt half nur noch ankleben. Er wühlte in den Schubladen noch einmal, diesmal auf der Suche nach Sekundenkleber: „Ich hab ihn doch grade noch in der Hand gehabt, wo ist der denn jetzt wieder?" Da!
Noch dreißig Sekunden!!
Mit den Zähnen drehte er die verklebte Kappe auf, gab einen Tropfen von dem Kleister auf den Knopf, preßte ihn an die Stelle am Kragen, von der er abgesprungen war.
Countdown: Zehn, neun…
Mit rotierenden Händen legte er sich die Schlinge um den Hals, warf den ganzen Hausunrat wieder in die Schublade – schau an, da war ja auch das weiße Garn – und strich sich das Haar glatt.
Acht Uhr!
Jetzt war er ready for Take-Off.
Nur Eva verspätete sich. Um eine Viertelstunde. So sind die Frauen!
In dieser Zeit rauchte Robert vier Zigaretten und ging dreimal an die Tür, weil er sich sicher gewesen war, ein Klopfen gehört zu haben. Er probierte zweimal die Klingel aus; die ging einwandfrei („Warum benutzt die eigentlich niemand?") und auf einmal klopfte es und Eva stand lächelnd mit einer Flasche Rotem in der Tür.
Sie setzten sich und speisten.

Es wurde tatsächlich ein reizender Abend.
Zunächst schleppte sich das Gespräch etwas, da Robert verkrampft versuchte, durch besonders intellektuellen Smalltalk seinen Gast unterhaltend zu beeindrucken. („Findest du nicht auch, daß $E = mc^2$?")
Im Laufe des Essens konnte Eva Robert aber dann doch noch dazu bringen, über etwas anderes zu parlieren, als über Astrophysik oder Öffentliches Recht, und so ließ er sich beim Dessert dazu breitschlagen, das über Jahrhunderte als Familiengeheimnis gehütete Rezept seines Rhabarbergelees an seinen Schwarm zu verraten (wen's interessiert, die Kochanweisung dafür steht übrigens auch auf Seite 40 im neuesten, größten, besten, schönsten Kochbuch auf dem Büchermarkt): „Erst mußt du bei Vollmond

ein Pfund Rhabarber pflücken, im Wasser einer von Waldgeistern umtanzten Quelle waschen und mit einem goldenen Messer in kleine Stücke schneiden; diese dann in einem

Viertelliter Wasser zusammen mit

190 g Zucker weichkochen. Während du dann dreimal ‚Rhabarberebrabahr' beschwörst, streichst du die Masse durch ein aus schierem Silber gewirkten Haarsieb und löst in dem ersten abfließenden Wasser

5 bis **6 g weißer Gelatine** auf.
Solange dies dauert, nimmst du

4 Würfel Zucker, reibst die zuerst an der

Schale einer ungespritzten Zitrone und dann mit einer feinen Reibe in das Mus aus Rhabarber, Zucker, Wasser und Gelatine. Dazu gibst du

2 Eßlöffel süßer, **geschlagener Sahne**, die du zum Schluß unterrühren mußt.
Zwei Schälchen unter ständigem Murmeln des Zauberwortes aus dem Schrank holen, mit Wasser spülen und mit Zucker ausstreuen und die Gallerte darauf verteilen.
Früher sollen die Ahnweiber in der Familie die Schälchen vor dem Stürzen zum Erkalten in den hintersten Winkel der Mostkeller gebracht haben, aber ich nehme dazu doch lieber den Kühlschrank. Und ganz ehrlich, ich hab' auch den Rhabarber nicht bei Vollmond geholt, sondern bei Jean, der kriegt ihn in dieser Jahreszeit aus Israel, oder so. Und die

süße Schlagsahne obendrauf stammt auch nicht von wilden, schwarzen Kampfstieren, sondern von glücklichen Kühen.
Und das Sieb war auch nicht..."
Während Robert über die engverwobenen Beziehungen zwischen seiner Familiensaga und der Geschichte dieses einen Puddings fabulierte („...rhabarber, rhabarber..."), hatte er zunehmend den Eindruck, daß Eva ihm kokett lächelnd näher kam, daß sie sich langsam, aber stetig zu ihm vorbeugte. Ebenso langsam, aber auch stetig, traten ihm vor unerwarteter Erregung Schweißperlen auf die Stirn („...rhabarber, rhababfhhh..."). Denn jetzt endlich wollte sie bestimmt was von ihm.
Und mit einem für so ein kleines Hornplättchen unerhört lauten Ploppen sprang sein Kragenknopf in das Rotweinglas vor ihm.
Am meisten irritierte ihn aber ihr gleichförmiges Lächeln, mit dem sie auf dem Tisch eine von den Nelken auseinanderzupfte, als sie unter dem Tisch an seinem Knöchel beginnend, langsam, aber stetig in Richtung seines Knies füßelte („...rhhhh...").

40

Gewürznelken sind die Blütenknospen eines Baumes, und nicht etwa die der bekannten Blume. Die letztgenannte ist nur als Duftkraut verwendbar.

Sie hatte dieses emotionslose, gelangweilte Lächeln auch noch auf den Lippen, als sie sich, weiterhin sein Bein streichelnd, für einen Augenblick entschuldigte und erhob („...rhhhh???").
Nachdem sie im Bad verschwunden war, konnte Robert nicht mehr sehen, ob sie noch lächelte. Daß sie immer noch füßelte, verwirrte ihn aber zutiefst. („Moment mal!??")
Er lehnte sich langsam zurück, lupfte vorsichtig die Tischdecke, legte den Kopf schräg, um besser unter den Tisch sehen zu können und fühlte plötzlich, wie er einmal mehr sehr, sehr müde wurde.
Dann schloß er die Augen – schließlich war Mitternacht schon vorbei – und zu Heinrichs Gewippe lauschte er den Klängen seiner Schubertplatte: „...auf diesen Fels hin-sin-ken zum Schlaf...jirrk...Schlaf...jirrk..." „Sch....!"

Rhabarbergelee

Bäuerchen

Wird Robert es schaffen, Evas Herz oder andere Innereien durch Bestechung der Verdauungsorgane für sich zu gewinnen? Wird er zum Sodomisten und fällt über Heinrich her? Wird man ihm erst eine backen müssen, die nach seinem Geschmack ist?
Dies und vieles mehr lesen Sie nächsten Donnerstag in:

Schnittchen und die sieben Zwieback.

NACHSCHLAG

nach Kapiteln

nach dem Alphabet

Az 014. 73 88 05. 5 *Dieses Aktenzeichen gehört zu einem Strafzettel, das Frau Bl. de Graaf am 28. 06. 1993 um 19.31 h wegen eines Verstoßes gegen die StVO vergeben hat. Sollte dieses Az zu noch einer anderen Akte gehören, wäre das zufällig und nicht beabsichtigt.*

§ 1 ProdHaftG **Haftung** (1) Wird durch den Fehler eines Produkts jemand getötet, sein Körper oder seine Gesundheit verletzt oder eine Sache beschädigt, so ist der Hersteller des Produkts verpflichtet, dem Geschädigten den daraus entstehenden Schaden zu ersetzen. (...)
(2) Die Ersatzpflicht ist ausgeschlossen, wenn (...)
...Sie sich während der Zubereitung eines Gerichts aus diesem Kochbuch in den Finger schneiden, beim Genuß einer Speise auf die Zunge beißen oder vergiften, oder wenn Sie Ihre Hütte ankokeln, weil Sie den Herd unbeaufsichtigt lassen, oder ersticken, weil Sie während der Bettlektüre einschlafen und unter dem auf Ihr Gesicht fallenden Buch keine Luft mehr kriegen etc.

1 UWG § 3 **Irrefürende Angaben** Wer im geschäftlichen Verkehr zu Zwecken des Wettbewerbs über geschäftliche Verhältnisse, insbesondere über die Beschaffenheit (...) von Waren oder gewerblichen Leistungen (...) irreführende Angaben macht, kann auf Unterlassung der Angaben in Anspruch genommen werden.

§ 2 UrhG **Geschützte Werke** (1) Zu den geschützten Werken der Literatur, Wissenschaft und Kunst gehören insbesondere:
1. Sprachwerke, wie Schriftwerke (...);
4. Werke der bildenden Künste einschließlich der Werke der Baukunst und der angewandten Kunst und Entwürfe solcher Werke;
5. Lichtbildwerke einschließlich der Werke, die ähnlich wie Lichtbildwerke geschaffen werden;
7. Darstellungen (...) wie Zeichnungen (...) und Skizzen (...).
(2) Werke im Sinne dieses Gesetzes sind nur persönliche geistige Schöpfungen.
Wer also etwas aus diesem Buch ohne das Einverständnis des Verfassers zitiert, kopiert, abfotografiert oder sonstwie abkupfert, kriegt was vom Verfasser auf die Finger, weil der Verfasser dann nämlich sehr böse wird. (Anm. d. Verf.)

§ 33 StGB **Überschreitung der Notwehr** Überschreitet der Täter die Grenzen der Notwehr aus Verwirrung, Furcht oder Schrecken, so wird er nicht bestraft.

§ 176 StGB **Sexueller Mißbrauch von Kindern** (1) Wer sexuelle Handlungen an einer Person unter 14 Jahren (Kind) vornimmt (...) wird mit Freiheitsstrafe von sechs Monaten bis zu zehn Jahren (...) bestraft. (...)

§ 211 StGB **Mord** (1) Der Mörder wird mit lebenslanger Freiheitsstrafe bestraft.
(2) Mörder ist, wer aus Mordlust, zur Befriedigung des Geschlechtstriebes, aus Habgier oder sonst aus niedrigen Beweggründen, heimtückisch oder grausam oder mit gemeingefährlichen Mitteln oder um eine andere Straftat zu ermöglichen oder zu verdecken, einen Menschen tötet.

nach geltendem Recht

§ 212 StGB **Totschlag** (1) Wer einen Menschen tötet, ohne Mörder zu sein, wird als Totschläger mit Freiheitsstrafe nicht unter fünf Jahren bestraft. (...)

§ 243 StGB **Besonders schwerer Fall des Diebstahls** (1) (...) Ein besonders schwerer Fall liegt in der Regel vor, wenn der Täter
1. zur Ausführung der Tat in ein Gebäude, eine Wohnung (...) einbricht (...)

§ 248 a StGB **Diebstahl und Unterschlagung geringwertiger Sachen** Der Diebstahl und die Unterschlagung geringwertiger Sachen werden in den Fällen der §§ 242 und 246 nur auf Antrag verfolgt, es sei denn, daß die Strafverfolgungsbehörde wegen des besonderen öffentlichen Interesses an der Strafverfolgung ein Einschreiten von Amts wegen für geboten hält.

§ 311 d StGB **Freisetzen ionisierender Strahlen** (1) Wer (...) unter Verletzung verwaltungsrechtlicher Pflichten
1. ionisierende Strahlen freisetzt oder
2. Kernspaltungsvorgänge bewirkt, die geeignet sind, Leib und Leben eines anderen (...) zu schädigen, wird mit Freiheitsstrafe bis zu fünf Jahren oder mit Geldstrafe bestraft.
(2) der Versuch ist strafbar.

§ 319 StGB **Gemeingefährliche Vergiftung** Wer (...) Gegenstände, welche zum öffentlichen Verkauf oder Verbrauch bestimmt sind, vergiftet oder denselben Stoffe beimischt, von denen ihm bekannt ist, daß sie die menschliche Gesundheit zu zerstören geeignet sind (...) wird mit Freiheitsstrafe (...) bestraft.
Die Erwähnung dieses StGB-Paragraphen bezieht sich nicht auf irgendwelche Fertiggerichte oder Fast-food-Produkte oder sonstige andere Produkte irgendwelcher Produzenten der Lebensmittelindustrie. Ehrlich.

E 319 *Gäbe es einen lebensmittelchemischen Stoff, der die E-Nummer 319 zählen würde, würde er vermutlich ein Antioxidant sein.*
Es ist dem Verfasser aber kein so bezeichneter Stoff bekannt.
Es ist dem Verfasser weiterhin nicht bekannt, ob irgendein Fertiggerichte- und/oder Tiefkühlkostfabrikant, ob promoviert, adelig, bürgerlich oder proletarisch, in seinen Tiefkühlgerichten Antioxidantien mit E-Nummern verwendet.

§ 325 StGB **Luftverunreinigung und Lärm** (1) Wer (...) Veränderungen der natürlichen Zusammensetzung der Luft, insbesondere durch Freisetzen von Staub, Gasen, Dämpfen oder Geruchsstoffen, verursacht, die geeignet sind (...) die Gesundheit eines anderen zu schädigen (...) wird mit Freiheitsstrafe (...) bestraft.

Zu diesem Kochbuch wird innerhalb der nächsten vierzig Jahre der Soundtrack mit dem Titel

Die crême der Stadtmusikanten

Die Singles zum Kochbuch

als CD mit diesen
17 tollen Smashhits erscheinen:

Ray Charles	**I got a woman**
Rickie Nelson	**Hello Mary Lou**
Shakin' Stevens	**Marie, Marie**
Leonard Cohen	**So long, Marianne**
Danny Wilson	**Mary's prayer**
Tony Christie	**I did what I did for Maria**
Bruce Springsteen	**The River**
James Last	**Morgen, Kinder, wird's was geben**
Robert Palmer	**Johnny and Mary**
The Sutherland Brothers	**Lying in the arms of Mary**
Hubert Kah mit Kahpelle	**Rote Rosen, Rosemarie**
Wax	**Marie Claire**
The Beatles	**Let it be**
Creedence Clearwater Revival	**Proud Mary**
Nikolaj Rimskij-Korssakow	**Der junge Prinz und die junge Prinzessin** aus: „Scheherazade"
Muddy Waters	**Forty Days and Forty Nights**
Franz Schubert	**Ave Maria**

Was'n Ärger! Verzählt!
Jetzt ist doch glatt noch dieses Blatt übrig.
Was mach' ich jetzt bloß damit?
Was mach' ich jetzt bloß?
Also, zunächst möchte ich die Gelegenheit nutzen
und an dieser Stelle ganz besonders meine Oma
im Sauerland grüßen:
„Hallo, Oma!"
...
Ja, und ein Lied möchte ich mir wünschen –
ach, das geht hier ja nicht.
...
Ah! Kennste den?
Kommt 'ne Frau zum Arzt und sagt...
Kennste schon?
...
Na gut, wenn's so ist –
bis demnächst!

Sie halten das Buch verkehrt herum!
Das hier ist hinten!